세계적인 명기도문과 함께하는

내 영혼의 치유기도

세계적인 명기도문과 함께 하는

내 영혼의 치유기도

신현복

치유와 돌봄이 있는 희망의 선교동산
아침영성지도연구원

HEALING PRAYERS

edited by Shin, Hyun-Bok

by Achim Institute for Spiritual Direction
All Rights Reserved.

Korean Copyright © 2008

이 책은 저작권법에 따라 보호를 받는 책이므로
무단전재와 무단복제를 금합니다.

십자가에

달리신 주님을 묵상하며

몸과 마음의 상처가 치유되기를 희망하는

_____ 님께

이 치유기도서를 드립니다.

이 책을 펴내면서

오늘도 이 땅에는 몸과 마음에 상처를 입고 아파하는 이들이 너무 많습니다. 고통의 터널 속에서 영혼의 어두운 밤을 홀로 보내고 있는 그들을 어떻게 진정으로 도울 수 있는 길이 없을까? 그것은 신학을 시작하기 전부터 줄곧 지녀왔던 물음이었습니다. 그리고 그 구체적인 길이 무엇인지를 찾기 위하여 여러 분야에 걸쳐 많은 연구를 해왔습니다. 현대 심리치료의 발달과 첨단의학의 진보, 신학의 탈현대주의를 목격하면서 많은 도움을 받을 수 있는 길이 열리고 있음을 확인할 수도 있었습니다. 그럼에도 불구하고, 우리 인생은 여전히, 아니 갈수록 더, 고난의 현실 앞에서 영성적인 물음을 던지고 그 대답 또한 영성적으로 주어지기를 갈망하고 있다는 현실 앞에 저는 솔직한 고민을 하지 않을 수 없었습니다. 고난이란 무엇인가? 이 고통에 대한 하나님의 뜻은 무엇인가? 이 아픔의 의미를 어떻게 받아들여야 한단 말인가? 왜 하필이면 나란 말인가? 그리고 수많은 길을 돌고 돌아 저는 마침내 그 궁극적인 치유의 길도 하나님께 있음을 고백하지 않을 수 없었습니다. 제가 이 책에서 치유기도에 희망을 걸고 목말라하는 이유도 바로 여기에 있습니다.

그런 의미에서 이 〈치유기도서〉는 아픔의 질곡을 헤매고 있는 현대 그리스도인들을 매우 깊이 있는 영성과 기도와 치유로 인도해 줄 것입니다. 이 기도서를 사랑하고 애용함으로써, 치유의 기적이 예수 그리스도 안에서 오늘도 계속되고 있음을 확실히 체험하게 될 것입니다. 여기에 소개된 기도문들은 지난 20여 년 동안의 많은 연구들, 특히 세계적인 기도서들을 번역하고 편집하는 과정들을 통하여 다듬고 또 다듬은 보화들입니다. 그것을 이곳저곳에 짤막하게 소개해 보기도 하였는데, 그 때마다 아픔 가운데서 믿음으로 이겨내고 있던 분들에게서 참 좋다는 반응들을 얻곤 하였습니다. 특히 개인적으로 아픔을 겪으면서, 그리고 어머니 아버지의 기적적인 치유과정을 기도로 지켜보면서 스스로도 많은 치유기도를 드렸고 그 결실을 보았습니다. 그래서 언젠가는 한 권의 책으로 묶어 좀 더 많은 사람들에게 도움을 드려야겠다는 생각을 하고 있었는데, 이제야 그 소박한 기도를 이루게 된 것입니다.

　제1부는 아파하는 몸의 치유를 위하여 세계적으로 유명한 기도문들을 내보인 것입니다. 아플 때, 위독할 때, 환자들을 치료할 때, 장애우들을 돌볼 때 세계교회 현장에서 어떤 실제적인 기도문들이 쓰이고 있는지를 확인하실 수 있을 것입니다. 제2부에서는 상처 입은 마음의 치유를 위하여 역시 세계적으로 아주 정평이 난 기도문들을 소개하였습니다. 노만 빈센트 필 목사님 등 세계적으로 유명한 분들이 아름다운 필치로 전해 주는 기도문들을 통하여 불안, 두려움, 외로움, 스트레스 등 내면세계의 갖가지 아픔들을 치유하는 하늘의 능력을 손에 쥘 수 있을 것입니다. 그리고 제3부에서는 영성 깊은 고난의 치유를 위하여 세계적인 영성신학자 헨리 나우웬의 40일 치유기도를 새롭게 정리해 보았습니다. 40이란 숫자는 성경에서 매우 상징적인 의미를 내포하고 있습니다. 무엇보다도 이제는 고난의 기간이 끝나고 마침내 기도가 응답되는 것을 상징합니다. 헨리 나우웬의 이 40일 치유기도를 사순절 기간이나 지금도 곳곳에서 많이들 하

고 있는 40일 특별기도나 40일 작정기도를 위해서 의미 있게 사용하시면 큰 역사가 일어날 것입니다. 헨리 나우웬의 이 40일 치유기도를 통하여 여러분의 삶의 자리 곳곳에서 심오한 영성의 신비를 체험하실 수 있기를 소망합니다. 그리고 치유기도문 사이사이에는 희망과 기적을 창조하는 실제 이야기들을 선별하여 실었습니다. 여기에 나온 이야기들은 모두 다 세계적으로 유명한 실화들입니다. 로버트 스트랜드 목사님 등 평생을 소중한 치유기도 수집과 정리에 헌신하신 분들의 작품을 참고로 한 것이기에 읽을 때마다 감동과 용기와 격려를 가져다 줄 것으로 확신합니다.

참고로 여기에 나오는 치유기도나 이야기 자료들은 아침영성지도연구원에서 판권을 받아 번역했거나 연구하고 있는 여러 가지 책들에서 발췌하였으며, 한글성경은 한국교회 일치를 위하여 개역개정판을 사용하고, 영어성경은 정서적으로 기도문들과 가장 어울리는 CEV 영어성경을 참고하였습니다. 한국교회의 기도문들 안에서 혼용되고 있는 '당신'이나 '우리' 라는 표현은 될 수 있는 대로 문법과 예법을 갖추어 '주님' 또는 '저희'로 통일시켜 보았습니다. 그러나 꼭 원문 그대로 살려야 될 경우에는 그대로 두어 그 맛을 느낄 수 있도록 하였습니다. 또 각 기도문은 읽는 이들이 어느 자리 어느 상황에서든 곧바로 살려 쓸 수 있도록 완벽한 기도의 틀을 갖추도록 다듬었습니다. 첫 부분에 성호를 부르는 것이나, 끝 부분에 "예수님의 이름으로 기도드립니다. 아멘." 으로 마치게 한 것도 그런 배려 때문입니다. 그런 것까지도 제대로 알려드리지 않으면 기도를 너무 어렵게 생각하는 분들이 있기에 그런 것입니다. 물론 지적인 기도로 끝나지 않고 시골 부모님들까지도 그대로 활용이 가능하시도록 최대한 노력해 본 것입니다.

아쉽게도 시간이 너무 오래되어, 정확한 저자가 누구였는지 또는 어디서 그 기도문들을 발견하고 스크랩해 두었는지 확실치 않아서 그 근거를 제대로 밝히지 못한 부분도 있습니다. 또 역사 오랜 기도문들은 외국 기도서들에서도 그 출처를 찾기 어려운 경우가 많았습니다. 하지만 몸과 마음이 아파 치유기도를 갈급해 하시는 분들을 우선적으로 생각하면서 안타까운 마음으로 실은 것이니 아쉬움이 보이더라도 널리 이해해 주시면 감사하겠습니다. 하나님의 나라는 말에 있지 않고 오직 능력에 있다고 하셨는데(고린도전서 4:20), 정말 중요한 것은 이제부터 여러분이 이 치유기도들을 사용하면서 여러분의 직접적인 호소와 부르짖음이 되어 하늘 보좌를 움직이는 능력을 체험하시는 것이라고 생각합니다. 그래야 저의 노력이 조금이라도 여러분에게 더 도움이 될 것이라고 여겨집니다. 꼭 그런 놀라운 역사를 맛보시리라고 확신하면서, 자, 그럼, 이제부터 세계적인 명기도문과 함께 탁월한 치유의 능력을 체험해 보시지 않겠습니까?

엮은이

차례

Contents

제1부 몸이 아플 때 드리는 믿음의 치유기도 _ 19

위대한 의사 _ 20
선물 _ 21
재창조 _ 22
주님의 뜻이라면 _ 23
　희망과 기적을 창조하는 이야기 치유기도 : 약속의 반석 위에 서라! _ 24

두려워하지 마라 _ 26
말문도 막혀 버렸습니다 _ 27
주님의 손길 _ 28
인내 _ 29
짓누르는 고통 _ 30
쓸모 있는 고통 _ 31
　희망과 기적을 창조하는 이야기 치유기도 : 천사를 보고 싶다면 _ 32

신실하신 치유자 _ 34
날마다 감사 _ 35
나를 향한 사랑 _ 36
끈기 _ 37
고통의 신비 _ 38
네 천사 _ 39
　희망과 기적을 창조하는 이야기 치유기도 : 무거운 천사 _ 40

치유의 은총 _ 42
깊은 불행 가운데서 _ 43
자기 연민 _ 44

모두 하나님께 맡깁니다 _ 45
너무도 더디게 _ 46
감사 _ 47
오십시오, 성령이시여 _ 48
치유하시는 손길 _ 49
   희망과 기적을 창조하는 이야기 치유기도 : 재키의 천사 _ 50

회복 _ 52
새 힘을 주옵소서 _ 53
성령으로 기름을 _ 54
다시금 기뻐 뛰며 _ 55
다시 한 번 보내주옵소서 _ 56
하늘의 약 _ 57
   희망과 기적을 창조하는 이야기 치유기도 : 승리자의 자세 _ 58

가장 큰 위로 _ 60
죽든지 살든지 _ 61
사랑의 불 _ 62
일어나서 먹어라 _ 63
오직 주님만 기쁘시게 _ 64
깊은 휴식 _ 67
   희망과 기적을 창조하는 이야기 치유기도 : 하나님의 특별한 전령 _ 68

사랑의 대리인 _ 70
주님의 발자국 소리 _ 71
그들 손에 있을 때에 _ 72
문 _ 73

치유의 원천 _ 74
친절한 영혼 _ 75
통찰력 _ 76
아무리 지쳐 있을 때라도 _ 77
　희망과 기적을 창조하는 이야기 치유기도: 마음가짐에 달렸다 _ 78

사랑하시는 종 _ 80
여기, 제가 있습니다 _ 81
희망의 불빛 _ 82
사랑으로 _ 83
나의 도움이 어디서 오는가 _ 84
　희망과 기적을 창조하는 이야기 치유기도 : 긴급구조 천사 _ 86

돋는 햇빛 _ 88
회복 _ 89
믿음의 깊이 _ 90
너무도 사랑스러운 _ 92
어루만져 주실 것을 _ 93
주님께서 돌보시는 한 _ 94
　희망과 기적을 창조하는 이야기 치유기도 : 나는 당신이 필요해! _ 96

하나님의 평화 _ 98
함께 _ 99
가까이 임하옵소서 _ 100
그 아이들을 위하여 _ 101
아프신 예수여 _ 102
유일한 설명 _ 104
시력과 청력 대신에 _ 105
　희망과 기적을 창조하는 이야기 치유기도 : 레이첼의 천사 _ 106

치유의 날개 아래 _ 108
진정 필요한 것 _ 110

배려 _ 111
  희망과 기적을 창조하는 이야기 치유기도: 받은 축복을 세어 보자 _ 112

제2부 마음이 아플 때 드리는 사랑의 치유기도 _ 115

어떤 문제가 닥칠지라도 _ 116
주님의 손을 잡고 _ 117
뒤숭숭 _ 118
황금날개 _ 119
습관 _ 120
주님을 파트너로 _ 121
  희망과 기적을 창조하는 이야기 치유기도 : 생의 가장 당혹스러운 순간 _ 122

주님의 생각 _ 114
생명선 _ 125
어찌해야 _ 126
어떤 위험에 처하더라도 _ 128
시련 _ 129
바다는 넓은데 _ 130
끝까지 달려가겠습니다 _ 131
쾌활한 영 _ 132
심약함 _ 133
약함의 깊이 _ 134
마음의 파도 _ 135
일, 일, 일 _ 136
  희망과 기적을 창조하는 이야기 치유기도 : 하나님께서도 들어가실 수 없었다 _ 138

성령의 탄식 _ 140
평화의 도구 _ 141
사랑하기에 적합한 _ 142
거룩한 기다림 _ 144
마음의 향기 _ 145

참을 수가 없습니다 _ 146
이제야 내가 _ 147
   희망과 기적을 창조하는 이야기 치유기도 : 기도하는 손 _ 148

생각할수록 괘씸해집니다 _ 150
어찌하여 그리 소란스러우냐 _ 152
내 마음의 부싯돌 _ 153
주님은 가까이 _ 154
고요함의 축복 _ 155
이슬방울 _ 156
쉼 _ 157
   희망과 기적을 창조하는 이야기 치유기도 : 저 여기 있어요 _ 158

품 _ 160
삶 _ 161
힘 _ 162
멀찍이 _ 163
홀로 _ 164
마음고요 _ 165
천근만근 _ 166
   희망과 기적을 창조하는 이야기 치유기도 : 우울함 극복하기 _ 168

살아 있다는 생생한 느낌으로 _ 170
따스한 빛 _ 171
아픔의 자국 _ 172
눈물을 닦아 주시며 _ 174
비탄 _ 175
바다와 같은 슬픔이 _ 176
풀은 시들고 _ 178
보호 _ 180
말끝마다 _ 181
   희망과 기적을 창조하는 이야기 치유기도 : 하나님의 사자 _ 182

우슬초 _ 184
고집스런 성깔 _ 186
질투 _ 187
첫 번째 할 일 _ 188
독선 _ 189
축복하는 마음 _ 190
비교하면 비참해지나니 _ 192
묵묵히 _ 194
궁극적 희망 _ 196
죽음에 이르게 하는 병 _ 198
 희망과 기적을 창조하는 이야기 치유기도 : 손님들이 꽉 차서 _ 200

멋진 세상 _ 202
목마름 _ 203
적당한 좌절 _ 204
독가시 _ 205
재갈 _ 206
마음의 병 _ 207
한숨 _ 208
그리스도의 눈으로 _ 210
고통스러운 기억 _ 211
후회 _ 212
 희망과 기적을 창조하는 이야기 치유기도 : 아버지의 용서 _ 214

집안일 _ 216
처음처럼 _ 218
한 마음, 한 가족 _ 219
자제력 _ 220
한창 나이에 _ 221
이런 자녀 _ 222
기대와 설렘을 안고 _ 224
나이 든 자국 _ 226
이승과 저승 _ 227

날마다 죽어라 _ 228
골고다의 길 _ 229
　희망과 기적을 창조하는 이야기 치유기도 : 빈 의자 _ 230

주님이 아니시면 _ 232
오늘도 종일 주님과 함께 _ 234
더 깊이, 더 멀리 _ 235
주님의 현존 _ 236
파수꾼이 아침을 기다림보다 _ 237
촛불 _ 238
　희망과 기적을 창조하는 이야기 치유기도 : 기숙사의 천사 _ 240

숨바꼭질 _ 242
어두운 가슴마다 _ 244
계시하신 그 진리 _ 246
하늘에 계신 _ 247
오직 하나님 안에서만 _ 248
한 순간의 꿈 _ 250
만인 중에서 _ 252
믿사오니 _ 254
이 아침에 _ 256
깊어가는 이 밤 _ 258
　희망과 기적을 창조하는 이야기 치유기도 : 경고 _ 260

제3부 40일 동안 헨리 아우웬과 함께 하는 희망의 치유기도 _ 263

주님 가신 길을 따라 _ 264
욕망 _ 265
갈등 _ 266
선택 _ 267
　희망과 기적을 창조하는 이야기 치유기도: 사명을 띠고 온 천사 _ 268

순복 _ 270
얼마나 큰 은혜인지요! _ 271
집착 _ 272
발견 _ 273
탕자 _ 274
샘 _ 275
    희망과 기적을 창조하는 이야기 치유기도 : 눈 속의 천사 _ 276

허락된 십자가 _ 278
부재 _ 279
그 그윽하신 눈 _ 280
주님의 이름 _ 281
    희망과 기적을 창조하는 이야기 치유기도 : 세 가지 천사 이야기 _ 282

반항심 _ 284
때때로 실망하더라도 _ 285
너무나 어지럽습니다 _ 286
주님의 영 _ 287
제 손을 펴 주옵소서 _ 288
믿음을 더 깊게 _ 289
    희망과 기적을 창조하는 이야기 치유기도 : 그리스도의 이름으로 멈추시오! _ 290

너무 잘 알았기에 _ 292
두려움 반, 기대 반 _ 294
뒷걸음질 _ 295
소원 _ 296
    희망과 기적을 창조하는 이야기 치유기도 : 고속도로에 쓰러진 아이 _ 298

주님을 떠나서는 _ 299
주님은 _ 299

아름다우신 분 _ 300
주님의 것 _ 301
희망의 문턱 _ 302
바로 이 자리에 _ 303
    희망과 기적을 창조하는 이야기 치유기도 : 믿음_ 304

파도 _ 306
불꽃 _ 307
주바라기 _ 308
모순 _ 309
    희망과 기적을 창조하는 이야기 치유기도 : 마가레뜨의 천사_ 310

응답 _ 312
잠잠히 _ 313
아버지의 손에 _ 314
사랑하되 끝까지 _ 315
희망의 십자가 _ 316
만물을 새롭게 _ 317
    희망과 기적을 창조하는 이야기 치유기도 : 자동차 후드 밑의 기적 _ 318

제 1 부

몸이 아플 때 드리는
믿음의 치유기도

아플 때 드리는 치유기도

위대한 의사
노만 빈센트 필

주님,
주님께서는 위대한 의사이시니,
저의 병을 주님께 맡깁니다.
도와주옵소서.
오래 전에 그러셨던 것처럼,
주님의 손을 제 머리에 얹으셔서,
주님께로부터 건강과 온전함이 흘러나오게 하옵소서.
주님의 돌보심 아래 저를 맡깁니다.
저의 믿음을 강하게 하셔서,
이제 주님의 기적 같은 치유의 은총이
저를 다시 건강하고
힘 있게 해주실 것을 믿게 하옵소서.
제가 이렇게 간구할 자격은 없지만,
주님께서는 결코 자격에 따라
은혜를 나눠주시는 분이 아닙니다.
주님께서는 그저 저희를 사랑하셔서
저희의 건강을 회복시켜 주십니다.
진심으로 간구하오니,
저를 위해 그 일을 행하옵소서.
그리하면 제가 주님을
좀 더 신실하게 섬기겠습니다.
예수 그리스도의 이름으로 약속하며 기도드립니다. 아멘.

*그러나 보라 내가 이 성읍을 치료하며 고쳐 낫게 하고 평안과 진실이 풍성함을 그들에게 나타낼 것이며(렘 33:6); Then someday, I will heal this place and my people as well, and let them enjoy unending peace.(Jer 33:6)

아플 때 드리는 치유기도

선물
노만 빈센트 필

하늘에 계신 우리 아버지,

생명을 선물로 주셔서 감사합니다.

주님께서 저를 어루만지셔서

제가 건강과 온전함과

활기를 되찾게 하옵소서.

삶의 아름다움을 주신

주님께 찬미와 감사를 드립니다.

우리 주 예수 그리스도의 이름으로 기도드립니다. 아멘.

---

*주 여호와의 영이 내게 내리셨으니 이는 여호와께서 내게 기름을 부으사 가난한 자에게 아름다운 소식을 전하게 하려 하심이라 나를 보내사 마음이 상한 자를 고치며 포로된 자에게 자유를, 갇힌 자에게 놓임을 선포하며(사 61:1); The Spirit of the LORD God has taken control of me! The LORD has chosen and sent me to tell the oppressed the good news, to heal the brokenhearted, and to announce freedom for prisoners and captives.(Isa 61:1)

아플 때 드리는 치유기도

재창조
노만 빈센트 필

하늘에 계신 아버지,

주님은 창조주이실 뿐만 아니라

다시 창조하시는 분이기도 합니다.

주님께서 저를 창조하실 때 부어 주셨던

건강과 힘과 능력으로

저를 다시 창조해 주옵소서.

저에게 우리 주 예수 그리스도의

치유의 은총을 부어주셔서,

제가 다시 건강해지도록 하옵소서.

예수님의 이름으로 기도드립니다.

아멘.

*이르시되 너희가 너희 하나님 나 여호와의 말을 들어 순종하고 내가 보기에 의를 행하며 내 계명에 귀를 기울이며 내 모든 규례를 지키면 내가 애굽 사람에게 내린 모든 질병 중 하나도 너희에게 내리지 아니하리니 나는 너희를 치료하는 여호와임이라(출 15:26); Then he said, "I am the LORD your God, and I cure your diseases. If you obey me by doing right and by following my laws and teachings, I won't punish you with the diseases I sent on the Egyptians."(Ex 15:26)

아플 때 드리는 치유기도

주님의 뜻이라면
노만 빈센트 필

아버지,
제 생명을 온전히 주님께 맡깁니다.
믿음 가운데,
전혀 두려워하지 않고,
주님의 사랑 많으신 손에
저를 온전히 맡겨 드립니다.
주님께서는 제게 그 어떤 해도 미칠 수 없습니다.
저를 위한 주님의 뜻이 무엇이든지간에,
제가 그 뜻을 받아들일 수 있도록 도와주옵소서.
건강 회복과 생명 연장을 위해 기도합니다.
그것이 저를 위한 주님의 뜻이라면,
겸손하게 감사하며 받아들이겠습니다.
그리고 이 신적인 은총으로 말미암아
제 삶이 끝나는 날까지
기쁘게 주님을 섬기겠습니다.
예수님의 이름으로 기도드립니다.
아멘.

---

*주여 사람이 사는 것이 이에 있고 내 심령의 생명도 온전히 거기에 있사오니 원하건대 나를 치료하시며 나를 살려 주옵소서(사 38:16); Your words and your deeds bring life to everyone, including me. Please make me healthy and strong again.(Isa 38:16)

희망과 기적을 창조하는 이야기 치유기도

약속의 반석 위에 서라!
로버트 스트랜드

미국 건국 초창기에, 미네소타 주와 위스콘신 주의 경계 가까이에 있는 미시시피 강둑에 한 지친 떠돌이 여인이 나타났습니다. 때는 이른 겨울이었고, 이 거대한 강의 표면은 얼음으로 덮여 있었지요. 다리도 보이지 않았고, 이 고장이 초행인 그 여자는 어찌할 바를 몰라 당황해 하고 있었습니다. 감히 건널 수 있을까? 얼음은 얼마나 두꺼울까? 과연 내 무게를 지탱할 수 있을까? 그렇다고 다시 뒤로 돌아 갈 수도 없었습니다.

밤 그림자가 이제 막 그녀를 덮으려는 순간이었습니다. 그러나 그녀에게는 강 건너의 목적지로 가는 것이 더없이 중요했지요. 그녀는 정말 어찌해야 할지 몰랐습니다. 그러나 고민 끝에, 마침내 강을 안전하게 건널 방법을 생각해 냈지요. 그것은 바로 두 손과 무릎으로 엎드려서 몸무게를 분산시키며 건너가는 것이었습니다.

너무나 두려워 좀 더 망설이다가, 광활한 미시시피 강을 기어서 건너는 길고도 조심스러운 여행을 시작했습니다. 그 동안 아무 탈 없이 건너편에 도착하기를 바라며, 속으로 끊임없이 기도했지요.

강을 반쯤 건넜을 때, 점차 큰 노래 소리와 여러 마리의 말이 내는 천둥 같은 소리가 들려왔습니다. 이윽고, 한 남자와 여러 마리의 말이 산더미 같은 석탄 바리를 끌고 뿌연 먼지를 피우며 강 건너편에서 나타났지요. 마차꾼은 강변에 도착하자, 속도를 늦추지도 않고 곧바로 무리를 끌고 얼음

위로 내달리더니, 심장이 터져라 노래를 부르며 건너가는 것이었습니다!

두 손과 무릎으로 기어가고 있는 자신이 갑자기 바보스럽게 느껴진 그 여자는, 일어서서 아무 두려움 없이 언 강을 가로 질러 남은 길을 걸어갔습니다. 점점 줄어드는 소리와 함께, 그 마차꾼과 말들은 벌써 저 멀리 사라지고 보이지 않았습니다!

너무나 많은 사람들이 하나님의 약속을 대단히 신중하게 살피며 조심조심 기어서 살아가고 있습니다! 또 한편으로는 하나님의 약속이 우리의 필요를 충족시켜 주지 못하지는 않나 의구심을 가지기도 하구요. 그리고 살짝 믿음 속으로 발을 내딛습니다. 그러나 하나님의 약속들은 쉽게 깨어지지 않고, 여러분이 그 위에 서 있어도 결코 내려앉지 않습니다.

우리는 약속 위에 서야 합니다. 노래 가사에도 나오듯이, 우리는 모든 것을 가질 것이며, 그 위에 굳건히 설 것입니다! 하나님의 약속은 반석입니다! 약속의 반석은 여러분의 무게로 부서지지 않습니다. 왜냐하면 우리와 새끼손가락을 걸고 엄지로 도장까지 찍으며 약속해 오시는 분은 바로 하나님이시기 때문이지요. 하나님은 하나님이십니다! 하나님께서 말씀하신 것을 믿으십시오! 그분은 바로 여러분이 승리자가 될 수 있다고 약속하십니다!

---

*그가 우리에게 약속하신 것은 이것이니 곧 영원한 생명이니라(요일 2:25); The Son has promised us eternal life.(1Jn 2:25)

> 아플 때 드리는 치유기도

두려워하지 마라
노만 빈센트 필

아버지,

때로는 터무니없는

두려움과 공포가 제 영혼을 어지럽힙니다.

하지만 주님께서는

"두려워하지 마라"고 말씀하셨습니다.

제가 주님의 치유하시는 손을

온전히 믿을 수 있도록,

그리하여 주님의 크신 사랑 안에서

편안히 쉴 수 있도록 도와주옵소서.

예수님의 이름으로 기도드립니다.

아멘.

*거기 있는 병자들을 고치고 또 말하기를 하나님의 나라가 너희에게 가까이 왔다 하라(눅 10:9); Heal their sick and say, "God's kingdom will soon be here!"(Lk 10:9)

아플 때 드리는 치유기도

말문도 막혀 버렸습니다
나치안추스의 그레고리 (329-389)

그리스도여,
저에게 힘을 주옵소서.
저의 건강이 좋지 않습니다.
고통 때문에,
주님을 찬양하던 입술도 잠잠해져 버렸고,
말문도 막혀 버렸습니다.
주님을 찬양할 수 없는 게 견딜 수 없습니다.
오, 저를 다시 건강하게 해주시고,
온전하게 하시어,
다시 주님의 위대하심을 선포하게 해주옵소서.
저를 버리지 마십시오,
제발 비오니,
이제 다시 일어나 주님을 섬기게 해주옵소서.
예수님의 이름으로 기도드립니다. 아멘.

---

*그리스도의 고난이 우리에게 넘친 것 같이 우리가 받는 위로도 그리스도로 말미암아 넘치는도다(고후 1:5); We share in the terrible sufferings of Christ, but also in the wonderful comfort he gives.(1Co 1:5)

아플 때 드리는 치유기도

주님의 손길
딤마 (7세기)

거룩한 성부이시며
우주를 창조하시고
그 운행법칙을 만드신 주님,
주님께서는 죽은 이를 살리실 수도 있고,
아픈 이를 치유하실 수도 있습니다.
저희의 아픈 형제와 자매를 위하여 기도하오니,
아픈 곳마다 안수하시는
주님의 손길을 그들이 느끼게 하시고,
몸도 새로워지고
영혼도 새로워질 수 있도록 해주옵소서.
주님께서 주님의 피조물을 붙드시는
그 사랑을 그들에게도 보여 주옵소서.
특별히 죄책감의 그늘에서
신음하는 저희에게 다가오시어
저희의 고백을 들으시고 용서하시며
앞으로는 밝고 건강한 삶을 허락하여 주옵소서.
예수님의 이름으로 기도드립니다.
아멘.

*그가 네 모든 죄악을 사하시며 네 모든 병을 고치시며(시 103:3); The LORD forgives our sins, heals us when we are sick.(Ps 103:3)

인내

토마스 풀러 (1608-1661)

주여,
제가 건강할 때
인내하는 법을 가르쳐 주옵소서.
그리고 제가 아플 때
그 인내를 발휘하게 하옵소서.
그 날에 저의 짐을 가볍게 해주시고,
제 등을 강하게 해주옵소서.
제가 오로지
주님의 도움만 의지할 때에
저를 강하게 해주옵소서.
예수님의 이름으로 기도드립니다.
아멘.

*하나님이 나사렛 예수에게 성령과 능력을 기름 붓듯 하셨으매 그가 두루 다니시며 선한 일을 행하시고 마귀에게 눌린 모든 사람을 고치셨으니 이는 하나님이 함께 하셨음이라(행 10:38); God gave the Holy Spirit and power to Jesus from Nazareth. He was with Jesus, as he went around doing good and healing everyone who was under the power of the devil.(Ac 10:38)

아플 때 드리는 치유기도

짓누르는 고통
Christian Publicity Organization

주 하나님,
이 병이 저를 짓누르고 있습니다.
통증과 고통 때문에 짜증이 납니다.
아무것도 할 수 없다는 사실에 신물이 납니다.
다른 사람들에게 필요 이상의
일을 시키고 있는 게 걱정됩니다.
오 하나님,
고요한 중에 저에게 일러 주옵소서.
하나님의 위대하심과,
하나님이 창조하신 세계의
경이로움과 아름다움을,
그리고 저를 향한 하나님의 사랑을.
저를 구원하신 예수 그리스도에 관하여 일러 주옵소서.
갈보리의 고통과,
부활의 삶을 가르쳐 주옵소서.
오 하나님,
제가 하나님께 경배하겠습니다.
예수님의 이름으로 기도드립니다.
아멘.

*이에 예수께서 그들의 눈을 만지시며 이르시되 너희 믿음대로 되라 하시니(마 9:29); Jesus touched their eyes and said, "Because of your faith, you will be healed."(Mt 9:29)

아플 때 드리는 치유기도

쓸모 있는 고통

미국 기도서 (1928)

오 주님,
저희가 구하는 것은
고통을 제거해 주시라는 게 아닙니다.
다만 우리 주,
주님의 독생자께서 은총을 내려주시어,
저희의 고통이 쓸모없는 것이 되지 않게 하시고,
주님의 뜻에 반항함으로써
재갈을 물지 않게 하시고,
저희들의 생각이 깨끗해지게 하시고,
저희의 사랑으로 정화되게 하옵소서.
그리고 주님의 나라에 헌신함으로써
고귀한 존재가 되게 하옵소서.
예수님의 이름으로 기도드립니다.
아멘.

---

*여호와여 주는 나의 찬송이시오니 나를 고치소서 그리하시면 내가 낫겠나이다 나를 구원하소서 그리하시면 내가 구원을 얻으리이다(렘 17:14); You, LORD, are the one I praise. So heal me and rescue me! Then I will be completely well and perfectly safe.(Jer 17:14)

> 희망과 기적을 창조하는 이야기 치유기도

천사를 보고 싶다면
로버트 스트랜드

    여러분은 천사를 본 적이 있습니까? 필라델피아의 신경과 전문의 미첼 박사는 자신이 천사를 보았다고 생각합니다. 몹시 피곤한 어느 날, 그는 일찍 일을 마치고 잠자리에 들었습니다. 그런데 끊임없이 문을 두드리는 소리에 잠이 깨었습니다. 문 밖에는 낡은 옷을 입은 몹시 흥분한 작은 소녀가 서 있었지요. 그 아이는 엄마가 몹시 아파서 그가 꼭 도와 줘야 한다고 말했습니다. 그 날 밤은 지독히 추웠고 눈도 내렸건만 그는 옷을 입고 소녀를 따라 나섰습니다.
    소녀의 엄마는 폐렴으로 거의 죽을 지경이었지요. 다행이도 겨우 그녀를 치료하고 나서 미첼 박사는 앓고 있는 그 여인에게 딸의 인내와 용기를 칭찬했습니다. 그러나 그 여자가 "내 딸은 한 달 전에 죽었어요. 그 아이의 신발과 외투가 저기 저 옷장 안에 있어요."라는 것입니다.
    그래서 미첼 박사는 옷장으로 가서 문을 열어 보았지요. 바로 거기에는 그의 집 문 앞에 서 있던 그 소녀가 입고 있던 바로 그 외투가 걸려 있었습니다. 그 코트는 따뜻하고 말라 있었기 때문에 눈 내리는 겨울 밤 바람을 맞았던 것이라고는 생각할 수 없었습니다!
    여러분은 천사를 본 적이 있습니까?
    어느 날 밤, 시리아의 왕은 야음을 틈타 수레와 말로 무장한 군대를 보내어 도시를 포위하고 모든 출로를 차단했습니다. 예언자와 그의 하인이 다음 날 아침 일찍 일어나 바깥을 살펴보자 군대와 말들과 수레들이 사방에 깔려 있는 것이었습니다! 하인은 완전히 겁에 질려 물었습니다. "이제 우리는 어떻게 해야 하지요?"

예언자 엘리사는 짤막하게 대답했습니다. "두려워하지 마라. 우리 군사가 저들보다 강하다!" 그리고 기도했습니다. "주여, 이 사람의 눈을 뜨게 하시어 보여 주옵소서." 주께서 그 젊은이의 눈을 뜨게 하시자 온 산을 뒤덮은 불말과 불수레가 그들을 포위한 군대를 포위하고 있었습니다!

여러분은 천사를 본 적이 있습니까? 어쩌면 우리가 눈을 뜨기만 하면 보일지도 모르지요!

*기도하여 이르되 여호와여 원하건대 그의 눈을 열어서 보게 하옵소서 하니 여호와께서 그 청년의 눈을 여시매 그가 보니 불말과 불병거가 산에 가득하여 엘리사를 둘렀더라 (왕하 6:17); Then he prayed, "LORD, please help him to see." And the LORD let the servant see that the hill was covered with fiery horses and flaming chariots all around Elisha.(2Ki 6:17)

아플 때 드리는 치유기도

신실하신 치유자
유대인의 기도

주여,

저희를 치유하여 주옵소서.

그러면 저희가 나을 것입니다.

저희를 구해 주옵소서.

그러면 저희가 구원받을 것입니다.

오직 주님만을 저희가 찬미하기 때문입니다.

저희의 질병을 고쳐 주시고,

저희의 고통을 덜어 주시고,

저희의 상처를 어루만져 주옵소서.

주님은 자비롭고 신실하신 치유자이기 때문입니다.

아픈 자들을 치유하시는 주님을 찬양합니다.

예수님의 이름으로 기도드립니다.

아멘.

*파수꾼이 아침을 기다림보다 내 영혼이 주를 더 기다리나니 참으로 파수꾼이 아침을 기다림보다 더하도다.(시 130:6); I wait for you more eagerly than a soldier on guard duty waits for the dawn. Yes, I wait more eagerly than a soldier on guard duty waits for the dawn.(Ps 130:6)

> 아플 때 드리는 치유기도

날마다 감사
아시시의 성 프란체스코 (1182-1226)

주님,

제가 시련과 질병으로

괴로울 때에도 기뻐하겠습니다.

주님 안에서 강하고 담대해지겠습니다.

날마다 하나님께 감사를 드리겠습니다.

그 아들 우리 주 예수 그리스도께 감사를 드리겠습니다.

그리고 성령님께 감사를 드리겠습니다.

이 하찮은 종을 책임지시려고,

제가 아직 살아있을 때에

하나님의 나라가 제 것이 되게 하시려고,

하나님께서 크신 은혜로 제게 보내주신

성령님께 감사를 드리겠습니다.

예수님의 이름으로 기도드립니다.

아멘.

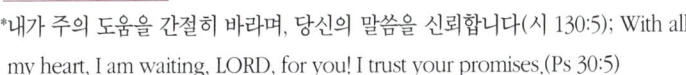

*내가 주의 도움을 간절히 바라며, 당신의 말씀을 신뢰합니다(시 130:5); With all my heart, I am waiting, LORD, for you! I trust your promises.(Ps 30:5)

아플 때 드리는 치유기도

나를 향한 사랑
More Everyday Prayers

하나님,

제가 약하고 괴로울 때마다

항상 저와 함께 해주심을 감사드립니다.

나를 향한 하나님의 사랑이

점점 더 커져만 가는 것 같습니다.

친구들의 격려와,

가장 가까운 사람들의 돌봄을,

내가 잊지 않고 감사합니다.

하나님의 선하심을 기억하고,

다가올 모든 날들을

믿음과 소망으로 채우게 하옵소서.

예수님의 이름으로 기도드립니다.

아멘.

*그러므로 어리석은 자가 되지 말고 오직 주의 뜻이 무엇인가 이해하라(엡 5:17); Don't be stupid. Instead, find out what the Lord wants you to do.(Eph 5:17)

아플 때 드리는 치유기도

끈기
아시시의 성 프란체스코 (1182-1226)

주님,

질병으로 약해진

저를 굽어 살피시고

제가 끈기 있게

버텨낼 수 있도록

도와주옵소서.

예수님의 이름으로 기도드립니다.

아멘.

*예수께서 모든 도시와 마을에 두루 다니사 그들의 회당에서 가르치시며 천국 복음을 전파하시며 모든 병과 모든 약한 것을 고치시니라(마 9:35); Jesus went to every town and village. He taught in their meeting places and preached the good news about God's kingdom. Jesus also healed every kind of disease and sickness.(Mt 9:35)

아플 때 드리는 치유기도

고통의 신비

조지 애플턴 (1902-)

주여,
고통의 신비로 인해
괴로움을 겪고 있는
모든 이들을 위하여 기도합니다.
저희의 모든 고통을
참아내시는 사랑의 하나님,
주님을 그들에게 드러내옵소서.
주님과의 교제 속에서 생겨난 고통은
낭비나 좌절이 아니라
선함과 축복으로 바뀔 수 있음을
그들이 알게 하옵소서.
이제껏 그들이 겪어왔던 것들보다
더 위대한 것으로
바뀔 수 있음을 알게 하옵소서.
십자가 위에서
거절과 증오와 고독과 절망을
모두 겪으신 그분을 통하여,
고통과 육체적 죽음으로 괴로움을 겪고
죽은 자들로부터
영광스런 승리를 얻으신
우리 주 예수 그리스도의 이름으로 기도합니다.
아멘.

*하나님은 아프게 하시다가 싸매시며 상하게 하시다가 그의 손으로 고치시나니(욥 5:18); He may cause injury and pain, but he will bandage and heal your cuts and bruises.(Job 5:18)

아플 때 드리는 치유기도

네 천사

샨드란 드반젠, 인도

주님,
기쁨의 자매인
고통을 주셔서 감사합니다.
행복의 쌍둥이인
슬픔을 주셔서 감사합니다.
고통과 기쁨, 슬픔과 행복,
이 네 천사가
사랑의 우물에서 함께 일하고 있습니다.
고통과 슬픔은
통증으로 우물을 깊이 파고,
기쁨과 행복은
미소에서 흘러나오는 눈물로
우물을 가득 채웁니다.
제 마음 속에
감정의 사계절을 주시니 감사합니다.
예수님의 이름으로 찬양하며 기도드립니다.
아멘.

---

*여호와여 내가 수척하였사오니 내게 은혜를 베푸소서 여호와여 나의 뼈가 떨리오니 나를 고치소서 나의 영혼도 매우 떨리나이다 여호와여 어느 때까지니이까(시 6:2-3); Have pity on me and heal my feeble body. My bones tremble with fear, and I am in deep distress. How long will it be?(Ps 6:2-3)

희망과 기적을 창조하는 이야기 치유기도

무거운 천사
로버트 스트랜드

나의 어머니께서는 하인쯔 목사와 그의 아내 베니 하인쯔 부인, 그리고 그들의 동기인 또 다른 목사 부부에 대한 이야기를 해주셨습니다. 하인쯔 목사 부부는 지금은 고인이 되었습니다. 이 사건이 일어날 당시 하인쯔 가족은 노스 다코타 주에 있는 한 교회에서 목회 활동을 하고 있었지요.

어느 날 하인쯔 목사 부부와 또 한 부부는 춘계 합동 모임에 참석하기 위하여 멀리 떨어진 디킨슨 마을로 길을 떠났습니다. 내 기억이 정확하다면, 하인쯔 목사는 연설자 가운데 한 사람이었지요. 이 행사는 일일 행사였습니다. 오전 예배, 점심 식사, 오후 예배, 목회자 회의, 저녁 식사, 그리고 최종적으로 저녁 연합예배로 이루어졌습니다. 그들은 밤 10시 30분 무렵 교회를 떠났습니다. 노스 다코타 주의 봄 날씨는 예측하기가 매우 힘들지요. 그들은 북쪽으로 방향을 돌려 윌리스톤을 향해 85번 고속도로를 탔습니다. 그러자 하늘에서는 진눈깨비가 내리기 시작했지요.

그들은 첫번째 마을을 향해 내려가기 시작했고 진눈깨비는 계속 더 지독하게 내렸습니다. 진눈깨비는 고속 도로 위에 쌓이기 시작했고 운전은 더욱 위험해졌지요. 그들은 스노우 타이어도 체인도 가지고 있지 않았습니다. 그러자 하인쯔 부인이 기도하기 시작했습니다. "주님, 저희를 도와주십시오. 이 차를 도와주십시오. 저희를 안전하게 지켜 주십시오."

그들이 계곡 아래쪽에서 올라가기 시작할 때쯤 차는 힘을 잃었고 얼마 지나지 않아 완전히 멈춰 버렸습니다. 아무리 애를 써도 차는 손쓸

여지도 없이 헛돌기만 할뿐 전혀 앞으로 나아가지 않았지요. 그저 차 안에서 웅크리고 밤을 지새울 준비를 할 도리밖에 없었습니다. 그 즈음에, 여섯 명의 건장한 청년들을 태운 차 한 대가 그들 뒤를 달려 올라왔지요. 그들은 오도 가도 못하는 이 차 뒤에서 멈춘 뒤 도와주겠다고 했습니다. 하인쯔 목사는, "밀어 주면 도움이 되겠지만 정작 문제가 되는 것은 뒤쪽에 전혀 견인력이 없으니 거기에 좀 더 하중을 주면 도움이 되겠습니다."라고 말했지요.

목사는 차의 시동을 걸었고 이 청년 다섯 명이 가파른 길의 위쪽으로 밀기 시작했습니다. 차가 움직이기 시작하자 모두가 트렁크 위로 뛰어올랐습니다. 두 사람은 측면에 매달렸고 나머지 세 사람은 뒤쪽 범퍼 위에 쪼그리고 앉았습니다. 그들은 아주 쉽게 그렇게 해냈지요.

언덕의 정상에 이르러, 하인쯔 목사는 이 친절하고도 무거운 낯선 이들에게 감사를 표하기 위하여 차를 멈추었습니다. 그가 차에서 내려 그 사람들에게 말을 하려고 후면으로 갔을 때……. 그들은 모두 가버렸습니다! 흔적도 없이 사라진 것이지요! 그들이 타고 온 차의 흔적조차도 남기지 않고요!

---

*그러나 너희가 이른 곳은 시온 산과 살아 계신 하나님의 도성인 하늘의 예루살렘과 천만 천사와…(히 12:22); You have now come to Mount Zion and to the heavenly Jerusalem. This is the city of the living God, where thousands and thousands of angels have come to celebrate.(Heb 12:22)

아플 때 드리는 치유기도

치유의 은총
The Small Ritual 중에서

거룩하신 주,
전능하시고 영원하신 하나님,
하나님께서는 상한 인간의 몸에
하나님의 축복을,
치유의 은총을 부어주시며,
하나님께서 지으신 피조물에 대한 관심을
다양한 방법으로 보여주십니다.
저희가 하나님의 이름을 외쳐 부를 때에
저희에게 자비를 베푸시고
가까이 임하옵소서.
하나님의 종을 질병으로부터 건지시옵소서.
하나님의 종에게 새로운 건강을 주시옵소서.
하나님의 손을 뻗어
병상에서 일어나게 하옵소서.
하나님의 종에게 강한 힘을 주시고,
하나님의 강력한 보호로 안전하게 지켜주옵소서.
하나님의 종을 하나님의 거룩한 교회로
다시 보내주시고,
모든 일을 순조롭게 하시옵소서.
우리 주 예수 그리스도의 이름으로 기도드립니다.
아멘.

*여호와 내 하나님이여 내가 주께 부르짖으매 나를 고치셨나이다 여호와여 주께서 내 영혼을 스올에서 끌어내어 나를 살리사 무덤으로 내려가지 아니하게 하셨나이다 (시 30:2-3); I prayed to you, LORD God, and you healed me, saving me from death and the grave.(Ps 30:2-3)

아플 때 드리는 치유기도

깊은 불행 가운데서

프랑스와 페늘롱 (1631-1715)

"주신 분도 주님시고
빼앗아 가신 분도 주님이시니"
주님, 깊은 불행 가운데서
이 말을 했던 주님의 종 욥을 주님이 지으셨습니다.
저 같은 죄인의 입으로
이런 말씀을 읽을 수 있게 해주시니
그 얼마나 자비하신지.
주님께서 제게 건강을 주셨는데,
저는 주님을 잊어버렸습니다.
주님께서 건강을 빼앗아 가시니,
제가 주님께 돌아옵니다.
주님, 주님 이외의 모든 것은 빼앗아 가옵소서.
모두가 주님의 것입니다.
주님께서 주인이십니다.
편안과 성공과 건강,
이 모든 것들을 거두시옵소서.
저를 소유하고 있는
그 모든 것들을 다 제하옵소서.
그리하면 제가 온전히
주님의 것이 될 수 있습니다.
예수님의 이름으로 기도드립니다.
아멘.

---

*그가 그의 말씀을 보내어 그들을 고치시고 위험한 지경에서 건지시는도다(시 107:20); By the power of his own word, he healed you and saved you from destruction.(Ps 107:20)

> 아플 때 드리는 치유기도

자기 연민

리타 스노우든 (Rita Snowden)

하나님,
저를 방문한 사람들이
꽃과 과일과 잡지를 두고 갔습니다.
이것들을 바라보며 감사를 드립니다.
또 그들은 저에게
신선한 생각거리들을 두고 갔습니다.
하지만 지금 저는 너무나도 피곤합니다.
저를 자기 연민에서 건져주옵소서.
오 하나님, 저의 믿음을 평온하게 세워주옵소서.
저의 기억력을 키워주셔서
제가 아는 것들을 붙잡고 있게 하옵소서.
저의 가족을 지켜주옵소서.
이제는 그들이 일상이 완전히 변해 버렸습니다.
오늘밤 저에게
하나님의 달콤한 선물로 잠을 주시고,
상쾌함과 차분함을 주옵소서.
어려움에 처한 다른 많은 이들을 도와주기 위하여
애쓰는 사람들 모두를 축복하옵소서.
예수 그리스도의 이름으로 기도드립니다.
아멘.

*예수께서 온 갈릴리에 두루 다니사 그들의 회당에서 가르치시며 천국 복음을 전파하시며 백성 중의 모든 병과 모든 약한 것을 고치시니 (마 4:23); Jesus went all over Galilee, teaching in the Jewish meeting places and preaching the good news about God's kingdom, He also healed every kind of disease and sickness.(Mt 4:23)

아플 때 드리는 치유기도

모두 하나님께 맡깁니다
Christian Publicity Organization

하나님,
감사합니다.
오늘 하루 동안
저를 보살펴 준 사람들
모두를 생각하며 감사드립니다.
이 병동의 모든 환자들을
하나님의 강하신 손에 맡깁니다.
오늘밤 당직을 서는 야간 스태프들,
제가 사랑하는 사람들,
저와, 제 두려움과,
제 걱정과, 제 소망을
모두 하나님께 맡깁니다.
하나님과 하나님의 약속을 생각하면서
제가 잠을 잘 자도록 도와주옵소서.
예수님의 이름으로 기도드립니다.
아멘.

---

*저물매 사람들이 귀신 들린 자를 많이 데리고 예수께 오거늘 예수께서 말씀으로 귀신들을 쫓아내시고 병든 자들을 다 고치시니(마 8:16); That evening many people with demons in them were brought to Jesus. And with only a word he forced out the evil spirits and healed everyone who was sick.(Mt 8:16)

아플 때 드리는 치유기도

너무도 더디게
리타 스노우든

하나님,
건강을 회복해 가는 이 날들이
너무도 더디게 흘러
그 어느 때보다도
큰 인내를 제게 요구하고 있습니다.
평상시의 관심사들로 돌아가고 싶습니다.
하지만 저는 너무나도 쉽게 지쳐 버립니다.
제가 아직도
직장 일을 할 수 없다는 사실이 인정하기 힘듭니다.
제가 지금까지 인내로 버텨온 모든 일들이
수포로 돌아가지 않도록 지켜주옵소서.
그리고 저와 똑같이
회복의 날들이
더디 흘러가는 것처럼 느껴지는
다른 모든 사람들,
집에 있는 사람들이나 병원에 있는 사람들
모두를 위해 기도합니다.
건강과 온전함을 되찾기 위해
최선을 다하고 있는 그들을 도우소서.
예수 그리스도의 이름으로 기도드립니다.
아멘.

*사랑하는 자여 네 영혼이 잘됨 같이 네가 범사에 잘되고 강건하기를 내가 간구하노라(요삼 1:2); Dear friend, and I pray that all goes well for you, I hope that you are as strong in body, as I know you are in spirit.(3 Jn 1:2)

아플 때 드리는 치유기도

감사

작자 미상

주님!
때때로 병들게 하심을 감사합니다.
이로 인해 인간의 약함을 깨닫게 해주시기 때문입니다.
가끔 고독의 수렁에 내던져 주심도 감사합니다.
그것은 주님과 가까워지는 기도이기 때문입니다.
일이 제대로 안 되게 틀어주심도 감사합니다.
그래서 나의 교만이 반성될 수 있습니다.
아들, 딸이 걱정거리가 되게 하시고
부모와 동기가 짐으로 느껴질 때도 있게 하심을 감사합니다.
그로 인해 인간된 보람을 깨닫게 되기 때문입니다.
먹고 사는 데 힘겹게 하심을 감사합니다.
눈물로서 빵을 먹는 심정을 이해할 수 있기 때문입니다.
불의와 허위가 득세하는 시대에 태어난 것도 감사합니다.
이로 인해 하나님의 의가 분명히 드러나기 때문입니다.
땀과 고생의 잔을 맛보게 하심을 감사합니다.
그래서 주님의 사랑을 진실로 깨닫기 때문입니다.
주님! 이 모든 일로 감사할 마음을 주심을 감사합니다.
이 모든 일로 하나님과 가까워지는 계기가 되기 때문입니다.
예수님의 이름으로 기도드립니다.
아멘.

*그러므로 우리가 낙심하지 아니하노니 우리의 겉사람은 낡아지나 우리의 속사람은 날로 새로워지도다(고후 4:16);We never give up. Our bodies are gradually dying, but we ourselves are being made stronger each day.(2Co 4:16)

성령의 강력한 역사를 기원할 때 드리는 치유기도

오십시오, 성령이시여
호주 기도서

오십시오, 성령이시여!
오십시오, 고통당하는 이들의 성부이시여!
오십시오, 치유하시는 영이시여!
성령께서는 제 영혼을 늘 평화롭게 하십니다.
제가 일할 때 쉼을 주시고,
시험을 당할 때 힘을 주시며, 슬퍼할 때 위로를 주십니다.
가장 친절하고 따스한 빛이시여!
하늘로부터 영광스러운 빛을 비추어 주옵소서.
저희가 성령께 충실하니,
저희 마음속 가장 깊은 곳으로 들어오시옵소서.
성령께서 함께 하지 않으시면,
저는 전혀 가치가 없고, 전혀 깨끗하지 못한 몸입니다.
저의 죄를 깨끗이 씻어 주시고,
저의 메마른 대지 위에 비를 내려 주시며,
저의 상처 입은 영혼을 치유하여 주옵소서.
성령의 불로 저의 얼어붙은 마음을 녹여 주시고,
저의 무관심에 불을 붙여 주시며,
저의 방황하는 발을 올곧게 이끌어 주옵소서.
성령을 신뢰하고 믿음으로 받아들이는 저에게
온갖 은사를 쏟아 부어 주옵소서.
성령 안에서 자라고 끝까지 견디어 낼 수 있도록 해주옵소서.
저에게 영원한 기쁨을 베풀어 주옵소서!
할렐루야! 오십시오, 성령이시여!

*하나님이 나사렛 예수에게 성령과 능력을 기름 붓듯 하셨으매 그가 두루 다니시며 선한 일을 행하시고 마귀에게 눌린 모든 사람을 고치셨으니 이는 하나님이 함께 하셨음이라(행 10:38); God gave the Holy Spirit and power to Jesus from Nazareth. He was with Jesus, as he went around doing good and healing everyone who was under the power of the devil.(Ac 10:38)

안수와 기름부음을 위하여 드리는 치유기도

치유하시는 손길
미국 기도서

은혜로우신 하나님,
온갖 치유의 근원이시여,
하나님께서는 예수 그리스도 안에서
아픈 이들을 치유하시고
상처 입은 이들을 고치십니다.
저희는 이 땅의 열매들에서 거둔
이 기름을 놓고 하나님을 찬미합니다.
이것은 치유와 용서,
그리고 하나님께서 주신 충만한 삶의 표징으로
저희에게 주어진 것입니다.
성령으로써,
지금 안수를 받으시는 ○ ○ ○ 님 위에 오시어,
하나님의 치유하시는 손길을 접하고
온전해질 수 있도록 해주옵소서.
영화로우신 우리 구주
예수 그리스도의 이름으로 기도드립니다.
아멘.

---

*너희 중에 병든 자가 있느냐 그는 교회의 장로들을 청할 것이요 그들은 주의 이름으로 기름을 바르며 그를 위하여 기도할지니라 (약 5:14; 여기서 장로는 오늘의 목사나 장로 등 '교회 지도자'를 통칭함); If you are sick, ask the church leaders g) to come and pray for you. Ask them to put olive oil on you in the name of the Lord. (Jas 5:14)

희망과 기적을 창조하는 이야기 치유기도

재키의 천사
호프 맥도널드

　재키는 윤기 있는 검은 머리에 반짝이는 갈색 눈을 가진 열일곱 살 아름다운 소녀입니다. 기쁨으로 빛나는 이 소녀는 다른 아름다운 소녀들 속에서도 돋보이지요.

　3년 전, 재키는 고통스러운 비극에 직면했습니다. 의사들이 그녀의 광대뼈에서 종양을 발견했던 거지요……. 종양은 일반적으로 팔이나 다리처럼 긴 뼈에서만 발견됩니다. 그러나 그녀의 종양은 그 매력적인 얼굴의 양 볼 전체에 죽음의 촉수를 뻗어 갔습니다. 외과 의사들은 그녀의 목숨을 구할 수 있는 유일한 방법을 제시했습니다. 그것은 코 부분에서 윗입술까지를 절개해야 하는 것이었죠. 또한 그녀 얼굴의 왼쪽 부분에 있는 이도 전부 뽑아야 했을 뿐더러 광대뼈, 코뼈, 턱뼈까지 제거해야 했습니다. 열네 살 소녀의 아름다운 얼굴에 이 대수술이 얼마나 잔인할 것인지는 두말할 필요가 없었지요.

　수술이 있기 며칠 전에 그녀는 병원 침대에 누워 수술을 받아 설사 살 수 있다 하더라도 그처럼 엄청난 상처를 입고 평생을 살아간다는 것이 무슨 의미가 있을까를 생각해 보았습니다. 그리고 두려움에 떨었지요. 그러나 그녀는 필사적으로 살고 싶었습니다. 그녀 앞에 펼쳐진 모든 것을 경험하기를 원했지요. 그 날 밤 그녀는 두려움 속에서 외롭게 베개 위를 뒤척이다가 기도하기 시작했습니다. 질식할 것 같은 두려움 속에서 하나님께 도와 달라고 기도했지요.

　새벽 두 시 경, 재키는 갑자기 잠에서 깼습니다. 누가 그녀를 깨웠는지 알 수 없었지요. 그저 잠이 깼고 뭔가 심상치 않다는 것을 느낄 수 있을 뿐이었습니다. 그녀는 침대 발치에서 반짝이는 빛을 보았습니다. 그것은 은빛 형상의 천사였지요. 그 존재는 매우 강력했고 그야말로 완전한 사랑의 체현이었습니다. 조용한 빛이 여름날의 열기처럼 재키를 채웠습니다. 그녀는 그 존재가 자신을 안고서 믿을 수 없을 만큼 경이로운 느낌으로 몸 전체를 만지고 있다고 느꼈지요.

햇빛 가득한 목소리가 말했습니다. "재키야, 두려워하지 말아라. 모두 잘 될 거야!" 그리고 천사는 사라졌습니다.

다음 날, 그녀는 수술 전의 엑스레이 촬영을 위하여 촬영실로 옮겨졌습니다. 그러나 종양과 그 죽음의 촉수가 모두 사라진 것을 보고 의사들은 기가 막히도록 놀랐습니다!

그것은 삼 년 전의 일입니다. 이제 촉촉한 아침 이슬을 머금고 활짝 핀 아름다운 나팔 수선화 같은 공주님은 여기에 있지요. 물론 그녀의 사랑스러운 얼굴에는 아무런 상처도 없구요. 그리고 그녀는 자신의 인생을 어루만지셨던 하나님의 기적 같은 감촉을 늘 기억하고 있답니다.

---

*천사가 이르되 무서워하지 말라 보라 내가 온 백성에게 미칠 큰 기쁨의 좋은 소식을 너희에게 전하노라(눅 2:10); But the angel said, "Don't be afraid! I have good news for you, which will make everyone happy.(Lk 2:10)

안수를 할 때 드리는 치유기도

회복
미국 기도서

온갖 자비의 하나님,

○○○님의 죄를

용서하시고,

○○○님을 고통으로부터

자유하게 하시며,

○○○님을 온전하고 강하게

회복시켜 주옵소서.

예수님의 이름으로 기도드립니다.

아멘.

*이에 그 눈에 다시 안수하시매 그가 주목하여 보더니 나아서 모든 것을 밝히 보는지라(막 8:25); Once again Jesus placed his hands on the man's eyes, and this time the man stared. His eyes were healed, and he saw everything clearly.(Mk 8:25)

> 안수를 할 때 드리는 치유기도

새 힘을 주옵소서
캐나다 기도서

주님,
앓고 있는 ○○○님을
굽어 살펴 주옵소서.
○○○님의 몸 마디마디에
새 힘을 주옵소서.
○○○님의 고통을 덜어 주옵소서.
○○○님을
온갖 죄와 유혹에서 구해 주옵소서.
앓고 있는 모든 이들을
주님의 은총으로 도와주옵소서.
간호하는 이들에게
하늘의 은혜를 내려 주옵소서.
저희의 안수를 받는 ○○○님에게
생명과 구원을 주옵소서.
예수님의 이름으로 기도드립니다.
아멘.

---

*보블리오의 부친이 열병과 이질에 걸려 누워 있거늘 바울이 들어가서 기도하고 그에게 안수하여 낫게 하매(행 28:8); His father was in bed, sick with fever and stomach trouble, and Paul went to visit him. Paul healed the man by praying and placing his hands on him.(Ac 28:8)

치유예식을 위하여 드리는 치유기도

성령으로 기름을
미국 기도서

주님,

○ ○ ○ 님이 이것으로 기름부음을 받듯이,

주님께서 ○ ○ ○ 님에게

성령으로 기름을 부어 주옵소서.

예수님의 이름으로 기도드립니다.

아멘.

---

*많은 귀신을 쫓아내며 많은 병자에게 기름을 발라 고치더라(막 6:13); They forced out many demons and healed a lot of sick people by putting olive oil on them.(Mk 6:13)

치유예식을 위하여 드리는 치유기도

다시금 기뻐 뛰며
미국 기도서

오 주 우리 하나님,
온갖 피조물을 다스리시는 이여,
찬미를 받으시옵소서.
풍요로우신 하나님의 축복을 저희가 찬양합니다.
하나님께서는 구하는 이들에게 사랑을 주시고,
찾는 이들에게 믿음 주시고,
두드리는 이들에게 희망의 길을 열어 주십니다.
저희를 도우시어
○ ○ ○님이 이 예식을 통하여
치유의 능력을 체험하고
거뜬히 일어나게 해주옵소서.
성령의 능력 안에서 새롭게 회복되어
다시금 기뻐 뛰며 하나님을 섬기게 해주옵소서.
예수님의 이름으로 기도드립니다.
아멘.

---

*이르시되 기도 외에 다른 것으로는 이런 종류가 나갈 수 없느니라 하시니라(막 9:29); Jesus answered, "Only prayer can force out that kind of demon."(Mk 9:29)

기적적인 치유를 바라는 치유기도

다시 한 번 보내주옵소서
성 마가의 예배서

주님,
나의 주이시며
영원하신 아버지의 말씀이신
예수 그리스도시여,
주님께서는 저희의 슬픔을 참고 견디셨으며,
저희의 병으로 인한 짐을 대신 짊어지셨습니다.
주님의 교회에서 주님의 성령으로 새롭게 하시니,
저희가 치유의 은사를 주님께 간구합니다.
주님의 왕국에 관한 복음을 선포할
주님의 제자들을 다시 한 번 보내주옵소서.
병자들을 고치고,
고통당하는 주님의 자녀들을 해방시키며,
거룩하신 주님의 이름을 찬미하고
영광을 돌릴 주님의 제자들을
다시 한 번 보내주옵소서.
예수님의 이름으로 기도드립니다.
아멘.

*여호와여 주는 나의 찬송이시오니 나를 고치소서 그리하시면 내가 낫겠나이다 나를 구원하소서 그리하시면 내가 구원을 얻으리이다(렘 17:14);You, LORD, are the one I praise. So heal me and rescue me! Then I will be completely well and perfectly safe.(Jer 17:14)

> 기적적인 치유를 바라는 치유기도

하늘의 약
모자라빅 예배시편

우리의 구원이신 주 하나님,

하나님께서는 못 고치시는 병이 없사오니,

하늘의 약을 고대하는

하나님의 종들을 불쌍히 여기사,

온갖 병들을 제거해 주옵소서.

저희에게 하나님의 치유 능력을 보여주시고,

몸과 영혼이 완전해지도록 하여 주옵소서.

우리 주 예수 그리스도의 이름으로 기도드립니다.

아멘.

---

*강 좌우에 생명나무가 있어 열두 가지 열매를 맺되 달마다 그 열매를 맺고 그 나무 잎사귀들은 만국을 치료하기 위하여 있더라(계 22:2); On each side of the river are trees that grow a different kind of fruit each month of the year. The fruit gives life, and the leaves are used as medicine to heal the nations.(Rev 22:2)

희망과 기적을 창조하는 이야기 치유기도

승리자의 자세
제프 레토프스키

지금 현재 열한 살인 켈리 로즈웰은 리틀 리그 소속의 소프트볼 선수입니다. 그 아이는 그랜드 메사 메이저 걸스 올스타 팀에서 유격수와 투수를 맡고 있지요. 그 아이는 소프트볼을 사랑합니다. 그래서 운동장으로 돌아가 운동할 수 있는 봄이 되기를 기다려야 한다는 것이 그 아이에게는 무척이나 힘든 일입니다.

물론 그에게서 소프트볼만이 전부는 아닙니다. 켈리는 학교에서 우등생이었고, 어떤 과목에서든 'A' 이하를 받는 일은 용납할 수가 없었지요.

켈리는 물론 아직 어립니다. 그래서 보통 사람들은 이 어린이가 '영웅'이라는 호칭을 들을 만하다고는 생각하지 않지요. 그러나 내가 평가하기로는 충분히 그럴 만합니다. 그 아이가 보통 아이라고는 여겨지지 않을 테니까요.

켈리 로즈웰, 11세, 백혈병이 있음.

1988년 3월에 그렇게 진단받은 이래로 그 아이는 이 병과 생사를 건 싸움을 해오고 있습니다. 수주 동안 콜로라도 주의 덴버 소아과 병원에서 생명을 건 치열한 투병 생활을 했지요. 그 아이는 매주 그랜드 정크션과 덴버 사이를 오가는 왕복 800km 이상의 길을 왔다 갔다 해야 합니다. 그러다 6주에 한 번으로 줄어들었습니다. 4시간을 차를 타고난 뒤, 주사, 수혈, 알약……. 그러나 이 모든 과정을 켈리는 불평 없이 무난히 견뎌 내고 있지요. 일반적으로 약물 요법은 구토과 메스꺼움을 수반합니다. 그러나 켈리의 아버지 스티브 씨의 말에 따르면, 아이는 큰 문제없이 잘 해오고 있으며 싫증도 내지 않고 있다고 합니다.

어머니 조안나는 이렇게 말합니다. "엄마로서 하염없이 울고만 있을 수도 있었지만 켈리는 그러지 못하게 했어요. 하나님께서는 우리들에게 켈리를 주셨고, 우리는 켈리와 함께하는 시간들이 특별하다는 사실을 깨닫게 되었어요. 하나님께서는 우리들에게 자녀를 선물로 주시고 아이들은 하나님께 속해 있지요. 우리는 단지 아이들과 정해진 시간 동안만 같이 지낼 수 있습니다."

로즈웰 가정은 독실한 크리스천 가정입니다. 기도는 이 싸움에서 크나큰 도움이 되고 있지요. 또한 교회와 교우들은 힘과 격려의 원천이었습니다.

백혈병도 사랑하는 소프트볼로부터 켈리를 떼놓을 수 없었습니다. 1988년 여름에도 켈리는 활력이 떨어지지 않았습니다. 켈리는 포수와 타자로서 팀을 2위로 이끈 진정한 스타였습니다! 어느 면을 보아도 승리자였지요.

그리고……켈리는 마침내 암을 극복했습니다! 어떻게 아느냐고요? 그 아이가 호된 시련을 겪던 시기에 나는 그 아이의 목사였습니다. 어느 면을 보더라도 켈리는 진정한 승리자입니다.

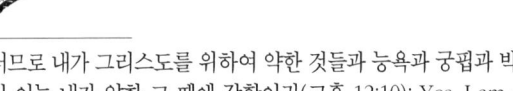

*그러므로 내가 그리스도를 위하여 약한 것들과 능욕과 궁핍과 박해와 곤고를 기뻐하노니 이는 내가 약한 그 때에 강함이라(고후 12:10); Yes, I am glad to be weak or insulted or mistreated or to have troubles and sufferings, if it is for Christ. Because when I am weak, I am strong.(2 Co 12:10)

힘이 점점 더 약해질 때 드리는 치유기도

가장 큰 위로
아시시의 성 프란체스코 (1182-1226)

주 하나님,

제 모든 고통을 감사드립니다.

주님, 주님이 원하신다면

제 고통을 백 배로 키워 주옵소서.

주님이 주시는 슬픔은

그 무엇이라도 감사히 받아들이겠습니다.

주님의 뜻이 충만한 가운데서

제가 가장 큰 위로를 받을 수 있기 때문입니다.

예수님의 이름으로 기도드립니다.

아멘.

*여호와여, 내가 깊은 곳에서 주께 부르짖었나이다. 주여, 내 소리를 들으시며 나의 부르짖는 소리에 귀를 기울이소서!(시 130:1-2); From a sea of troubles I call out to you, LORD. Won't you please listen as I beg for mercy?(Ps 130:1-2)

위독할 때 드리는 치유기도

죽든지 살든지

에라스무스

주 예수 그리스도시여,
주님은 살아 있는 이들을 위한
건강의 유일한 근원이십니다.
주님은 죽어 가는 이들에게 영생을 약속하셨습니다.
저는 제 자신을 주님의 뜻에 맡겨 드립니다.
주님의 뜻이 제가 이 세상에
더 오래 머무르는 것이라면,
현재의 제 병을 깨끗이 치유해 주시기를 빕니다.
주님의 뜻이 제가 이 세상을 뜨는 것이라면,
영원한 건강을 누릴
불멸의 몸을 얻게 될 것이라는
확실한 희망 속에서,
이 죽을 수밖에 없는 몸을 기꺼이 버리겠습니다.
제가 부탁드리는 것은 단지,
주님께서 제 고통을 덜어 주시어,
죽든지 살든지,
평화와 만족을 누리는 것입니다.
주님, 저를 긍휼히 여기시고
그 전능하신 팔을 펴시어 도와주옵소서.
예수님의 이름으로 기도드립니다.
아멘.

---

*믿는 자들에게는 이런 표적이 따르리니 곧 그들이 내 이름으로 귀신을 쫓아내며 새 방언을 말하며 뱀을 집어올리며 무슨 독을 마실지라도 해를 받지 아니하며 병든 사람에게 손을 얹은즉 나으리라(막 16:18); Everyone who believes me will be able to do wonderful things. By using my name they will force out demons, and they will speak new languages. They will handle snakes and will drink poison and not be hurt. They will also heal sick people by placing their hands on them.(Mk 16:18)

위독할 때 드리는 치유기도

사랑의 불
크리스티나 로세티

주여,

저는 비록 죽지만,

주님은 생명이십니다.

제가 아무리 차가울지라도,

주님은 사랑의 불이십니다.

하늘에도 땅 그 어디에도

제가 머리 둘 곳이 없습니다.

오직 주님뿐입니다.

도와주옵소서.

예수님의 이름으로 기도드립니다.

아멘.

*이것을 너희에게 이르는 것은 너희로 내 안에서 평안을 누리게 하려 함이라 세상에서는 너희가 환난을 당하나 담대하라 내가 세상을 이기었노라(요 16:33); I have told you this, so that you might have peace in your hearts because of me. While you are in the world, you will have to suffer. But cheer up! I have defeated the world.(Jn 16:33)

약을 먹을 때 드리는 치유기도

일어나서 먹어라
신현복

로뎀나무 아래 누워
고통스러워하던 엘리야에게
다가오신 하나님,
주님은 천사를 보내시어 어루만지시며
"일어나서 먹어라'고 말씀하셨지요.
그 식물의 힘으로 사십 주 사십 야를 행하여
하나님의 산 호렙에 이르게 하셨지요.
오 엘리야의 하나님,
지금 이 시간 저에게도 임하여 주옵소서.
이 약 위에 치유의 능력을 발하시어,
충분히 효과를 보게 하시고
속히 건강을 찾게 하옵소서.
예수님의 이름으로 기도드립니다.
아멘.

*이것이 네 몸에 양약이 되어 네 골수를 윤택하게 하리라(잠 3:8); This will make you healthy, and you will feel strong.(잠 3:8)

질병의 의미를 생각하며 드리는 치유기도

오직 주님만 기쁘시게
블레즈 파스칼 (1623-1662)

주님,
주님은 모든 일에 가장 선하시고 인자하십니다.
주님, 주님의 의로우심을 생각하며
저에게 주신 이 질병,
이 고통스러운 상태 속에서도
이방인처럼 행하지 않게 하옵소서.
어떤 어려운 상태에 처하더라도
주님을 나의 아버지, 나의 하나님으로 섬기던
그 신비를 잃지 않게 하옵소서.
주님은 주님을 섬기도록 건강을 주셨건만
저는 이 소중한 건강을 함부로 사용하였습니다.
이제 주님께서는 저를 바로잡으시려 질병을 주셨습니다.
주님, 제가 성급하게 저의 병을 다루어
주님을 노엽게 하지 않도록 하옵소서.
저는 그 동안 저의 건강을 악용하였습니다.
그리고 주님께서는 저를 적절하게 징계하셨습니다.
주님, 주님의 징계를 악용하지 않게 하옵소서.
만일 저의 체력이 이어지는 동안,
제 마음이 이 세상에 대한 집착으로 가득하다면,
주님, 저의 구원을 위하여 저의 체력을 없애 주옵소서.
육체의 허약으로, 사랑의 열망으로
이 세상을 즐기려 말고
오직 주님만 기쁘시게 해드리도록 이끌어 주옵소서.
주님, 제 생애의 마지막과 이 세상의 종말을 두고
주님 앞에서 저의 삶, 저의 모든 행위를 청산해야 할 때입니다.

나의 하나님, 저를 쇠약함 속에 빠뜨려 주시고,
제가 지녔다고 믿었던 것들을 모조리 파괴하심으로써
그 무서운 종말의 말을 준비하게 하시니,
이제 제가 살아 있는 동안
주님을 찬미하고 감사를 드립니다.
주님, 오직 홀로 주님 앞에 서게 하옵소서.
나의 하나님, 저의 생애를 이끄시는
주님의 놀라운 섭리 질서를
침묵 속에서 홀로 찬미하게 하옵소서.
주님께서 주신 이 고난이 저에게 위로가 되게 하옵소서.
나의 하나님, 저의 마음이 얼마나 완고한지
그리고 얼마나 완악한지 주님은 아십니다.
여러 가지 생각과 염려와 불안,
그리고 이 세상에 대한 집착으로 가득 차 있습니다.
하여 주님의 은혜가 없이는
건강도 질병도, 대화도 책도,
성경말씀도 자선도, 금식도 고행도,
기적도 성만찬도, 나의 어떠한 노력도,
아니 온 세상의 노력조차도,
회개하는 데 아무런 도움이 안 됩니다.
그러므로 전능하신 주님,
주님을 간절히 부릅니다.
주님, 주님을 떠나서 제가 누구를 부르며
누구에게 의지하겠습니까?
주님 아니시면,

그 무엇으로도 저의 기대를 채우지 못합니다.
제가 찾고 제가 구하는 것은 오직 하나님 한 분뿐입니다.
주님, 저의 마음을 열어 주옵소서.
죄악이 점령했던 이 반역의 자리에 들어오시옵소서.
육체의 병이 영혼의 약이 되게 하옵소서.
주님, 지나간 날들을 돌이켜 보면,
제가 큰 죄를 지을 기회를 주님께서 비켜 지나가게 하셨으므로
큰 죄를 면했던 일들이 얼마나 많았는지요!
그러나 끊임없이 게으름과
가장 존귀한 주님의 성만찬을 악용하고
주님의 말씀과 영감을 가볍게 여겼습니다.
저의 생각과 행동을 무위에 빠지게 하였습니다.
헛수고와 시간을 낭비한 죄로
주님 앞에서 가장 초라한 이가 되고 말았습니다.
주님, 저의 부패한 이성을 바꾸어 주옵소서.
저의 심령이 주님에게 적합하도록 은혜를 베풀어 주옵소서.
주님, 이 부패한 흙덩어리 위에 성령을 부어 주옵소서.
주님 앞에 드러난 저의 온 존재는
너무도 초라하고 보잘것없습니다.
주님을 기쁘시게 해드릴 것을
제 자신 속에서는 하나도 찾을 길이 없습니다.
하오나 주님, 저는 한 가지는 알고 있습니다.
주님을 따르는 것이 최상의 선이요,
주님을 거역하는 것이 악이라는 것을!
주님, 비오니, 저를 주님께 묶어 주옵소서.
저의 마음과 영혼 속에 들어오시어 좌정하여 주옵소서.
예수님의 이름으로 기도드립니다. 아멘.

---

*예수께서 들으시고 이르시되 이 병은 죽을 병이 아니라 하나님의 영광을 위함이요 하나님의 아들이 이로 말미암아 영광을 받게 하려 함이라 하시더라(요 11:4); When Jesus heard this, he said, "His sickness won't end in death. It will bring glory to God and his Son."(Jn 11:4)

병상에 누워서 드리는 치유기도

깊은 휴식
노만 빈센트 필

하늘에 계신 아버지,
제가 여기 병상에 누워 있는 동안,
낮은 더디 흐르고,
밤은 때로 끝이 없는 것처럼 느껴집니다.
건강했을 때처럼
깊이 잠들 수 있기를 얼마나 원하고 있는지!
제가 편안하게 쉬고,
고요하고 평화로운 마음을 가질 수 있도록 도와주옵소서.
제 눈꺼풀을 주님의 친절하신 졸음으로
어루만져 주옵소서.
저에게 깊은 휴식을 주셔서,
건강해지도록 도와주옵소서.
"사랑하시는 자들에게는 잠을 주신다"고 하신
약속을 제가 믿습니다.
주님, 감사합니다.
예수님의 이름으로 기도드립니다.
아멘.

*여호와께서 그의 사랑하시는 자에게는 잠을 주시는도다(시 127:2); God takes care of his own, even while they sleep.(Ps 127:2)

희망과 기적을 창조하는 이야기 치유기도

하나님의 특별한 전령
케네스 노드발

　1982년 봄에 일리노이 주 스프링필드의 어떤 마을에서 나는 아침 기도 모임의 설교를 하게 되었습니다. 설교를 하기 전에 이웃 교회 목사님이 자신이 최근에 멕시코를 다녀오신 이야기를 해주셨지요.

　그 목사님은 여러 사람들과 선교 차 멕시코에 갔습니다. 그런데 돌아오는 길에 차가 그만 고장이 났지요. 잭으로 차를 받친 뒤 차 밑으로 들어가 무슨 문제가 있는지 점검을 하고 있었습니다. 그런데 갑자기 잭이 넘어지면서 차 밑에 목사님이 깔려 버렸지요. 목사님과 함께 갔던 동료들이 재빨리 범퍼를 잡고 차를 들어 올리려 했지만 그것은 무리였습니다. 그러자 목사님은 다급하게 예수님의 이름을 외치기 시작했지요. "주여, 주여!" 그렇게 몇 분도 채 안 되어 어떤 젊은이가 미소를 지으며 뛰어왔습니다. 그는 마르고 몸집이 작았지요. 그 젊은이는 차를 잡고 들어올리기 시작했습니다. 다시 목사님의 동료들이 합세했고, 마침내 그 차는 깃털처럼 가볍게 들려졌습니다.

　목사님은 차에서 빠져 나올 수 있었습니다. 그런데 이상했습니다. 분명히 갈비뼈가 부러진 것 같았는데 멀쩡하게 가슴이 펴지는 것이었습니다. 그 젊은이는 차를 내려놓더니 왔던 길로 다시 뛰어가 지평선 너머로 사라져 버렸습니다. 그는 누구이며 어디서 왔을까요? 아무도 모를 일이었습니다.

성경에 나오는 사람들이나 초자연적인 존재 가운데서 가장 끊임없이 하늘과 관계를 맺고 있는 존재로서 묘사되는 것은 바로 천사입니다. 성경에서 천사에 관한 이야기를 찾아보면, "하늘에서" 하나님의 천사가 광야의 하갈을 부르러 왔다는 이야기가 있습니다.

야곱도 벧엘에서 천사들을 보았을 때, 하나님의 천사들이 하늘까지 닿은 사다리를 타고 오르락내리락 하는 것을 보았지요. 다른 구절에서는 천사들이 '하늘의 사자' 또는 '하늘의 군사'라는 이름으로 불립니다. 천사들이 양치기들에게 노래로 예수님의 탄생을 알린 뒤 하늘로 올라갔다고 성경은 말씀하십니다. 예수님의 무덤에서 돌을 굴려낸 이도 바로 '하늘에서 온 천사'였고, 우리 주님께서 자주 말씀하시는 것도 '하늘의 천사'였습니다. 천사는 성경에서 가장 흥미로운 연구 주제 가운데 하나이지요.

---

*왕이 또 말하여 이르되 내가 보니 결박되지 아니한 네 사람이 불 가운데로 다니는데 상하지도 아니하였고 그 넷째의 모양은 신들의 아들과 같도다 하고(단 3:25); "But I see four men walking around in the fire," the king replied, "None of them is tied up or harmed, and the fourth one looks like a god."(Da 3:25)

병상에 누워 있을 때 드리는 치유기도

사랑의 대리인
스코틀랜드 기도서

전능하시고 자비로우신 하나님,
하나님께서는 깨어진 생명을 치유하시려
예수 그리스도를 보내셨습니다.
오늘도 의사들과 간호사들을 통하여 치료하시고,
첨단 의학기술로 저에게 복을 내리시니
하나님을 찬양합니다.
제가 몸과 마음에 병을 얻어,
주님의 치유하시는 손길을 고대하며 기도할 때,
온전케 해주시겠다는 하나님의 약속을 기억합니다.
약한 이를 강하게 해주시고,
병든 이를 건강하게 해주시며,
깨어진 이를 온전하게 하시는 하나님,
하나님의 사랑의 대리인으로서
저를 치료하는 이들에게 확신을 주옵소서.
그래서 제가 온전히 새로워져서,
죽음을 정복하신 부활의 그리스도를 가리키며,
영원히 살 수 있게 해주옵소서.
예수님의 이름으로 기도드립니다.
아멘.

*너희 중에 고난당하는 자가 있느냐 그는 기도할 것이요 즐거워하는 자가 있느냐 그는 찬송할지니라(약 5:13); If you are having trouble, you should pray. And if you are feeling good, you should sing praises.(Jas 5:13)

병원에 갈 때 드리는 치유기도

주님의 발자국 소리

노만 빈센트 필

주님,
오늘 제가 병원에 갑니다.
그것 때문에 약간 두렵고 초조해집니다.
이 병원이 제가 어려울 때 돕기 위하여
지어졌다는 사실을 깨닫게 하옵소서.
또한 의사와 간호사들도 제가 건강해지도록
돕고 싶어 한다는 사실을 깨닫게 하옵소서.
이 낯선 질병의 세계에서
제가 넘치는 사랑을 발견하게 하시고,
가능하다면 새로운 통찰들을
많이 발견할 수 있도록 도와주옵소서.
하지만 무엇보다도,
병원 복도를 따라 거니시는 주님의 발자국 소리를
제가 들을 수 있게 하시고,
낮이나 밤이나 제 침대 맡에 계시는
주님의 존재를 깨닫게 하옵소서.
이제 아무런 두려움도 없이,
완전한 믿음 가운데,
제가 병원으로 갑니다.
우리 주 예수 그리스도의 이름으로 기도드립니다.
아멘.

---

*다른 사람에게는 같은 성령으로 믿음을, 어떤 사람에게는 한 성령으로 병 고치는 은사를, 어떤 사람에게는 능력 행함을(고전 12:9-10); To others the Spirit has given great faith or the power to heal the sick or the power to work mighty miracles.(1Co 12:9-10)

병원에서 드리는 치유기도

그들 손에 있을 때에
Christian Publicity Organization

하나님,
하나님께서는 지금 이 순간
제 기분을 잘 아십니다.
하나님께서는 저의 두려움과 긴장감을 잘 아십니다.
하나님께서는 제가 말로 옮기지 못하는
생각까지도 다 아십니다.
외과 의사들과 마취 전문 의사들과 간호사들에게
온갖 기술과 지혜를 주시니 감사합니다.
오늘 하루 동안 그들이 하는 모든 일들 위에
하나님의 능력을 부어주옵소서.
제가 그들 손에 있을 때에 도와주옵소서.
예수님의 이름으로 기도드립니다.
아멘.

*예수께서 아시고 거기를 떠나가시니 많은 사람이 따르는지라 예수께서 그들의 병을 다 고치시고(마 12:15); When Jesus found out what was happening, he left there and large crowds followed him. He healed all of their sick.(Mt 12:15)

병원을 생각하며 드리는 치유기도

문
토마스 켄

오 하나님,
이 병원의 문을 넓혀 주셔서,
인간의 사랑과 우정,
그리고 하늘에 계신
아버지의 돌보심이 필요한 사람들을
모두 다 수용할 수 있게 하옵소서.
또한 온갖 시기와 자만과
증오가 들어오지 못하도록,
이 병원의 문을 좁혀 주옵소서.
아이들에게 장애물이 되지 않도록
이 병원의 입구를 매끄럽게 하시고,
아이들이 길을 잃지 않게 하옵소서.
그것으로 하여금 하나님의 영원하신 왕국으로
들어가는 문이 되게 하옵소서.
예수님의 이름으로 기도드립니다.
  아멘.

*큰 무리가 따르거늘 예수께서 거기서 그들의 병을 고치시더라(마 19:2); Large crowds followed him, and he healed their sick people.(Mt 19:2)

병원을 섬기는 사람들을 생각하며 드리는 치유기도

치유의 원천
Further Everyday Prayers

주님,
저희가 병든 사람들을 고칠 수 있도록
위대하신 치유의 원천이 되어주시니 감사합니다.
외과 의사들에게 기술을 주시고
수술실의 지원 스태프들에게
기술적인 능력을 주시니 감사합니다.
의학적인 지식과 약의 치유 능력과
화학자들과 약사들을 주시니 감사합니다.
간호 스태프들을 주시고
그들에게 전문적인 기술과 돌봄의 능력,
격려의 능력을 부어주시니 감사합니다.
물리치료사, 약물치료사, 심리치료사,
수술치료사, 방사선학자, 병원 사회사업가,
병원 목사들을 지원팀으로 주시니 감사합니다.
관리 스태프들과, 청소와 식사를 맡은 이들과,
기타 여러 가지 일들을 섬기는 병동 직원들과,
병원의 수위들과, 앰뷸런스 운전사들을 주시니 감사합니다.
예수님의 이름으로 감사하며 기도드립니다.
아멘.

*그의 소문이 온 수리아에 퍼진지라 사람들이 모든 앓는 자 곧 각종 병에 걸려서 고통당하는 자, 귀신 들린 자, 간질하는 자, 중풍병자들을 데려오니 그들을 고치시더라(마 4:24); News about him spread all over Syria, and people with every kind of sickness or disease were brought to him. Some of them had a lot of demons in them, others were thought to be crazy, and still others could not walk. But Jesus healed them all. (Mt 4:24)

담당의사를 생각하며 드리는 치유기도

친절한 영혼
노만 빈센트 필

주님,

병을 앓는 동안 저는

제 담당의사가 얼마나 소중한지를 깨달았습니다.

그분을 저에게 보내주시고,

친절한 영혼과 능력을 주셔서 감사합니다.

그분이 수많은 임무들을 수행하는 동안

지치거나 상하지 않도록 하옵소서.

그분에게 은총을 부어주셔서,

저와 모든 환자들을 치유하게 하옵소서.

저희의 선한 의사를 주님의 사랑으로 보살펴 주옵소서.

예수님의 이름으로 기도드립니다.

아멘.

---

*회당장이 예수께서 안식일에 병 고치시는 것을 분 내어 무리에게 이르되 일할 날이 엿새가 있으니 그 동안에 와서 고침을 받을 것이요 안식일에는 하지 말 것이니라 하거늘 (눅 13:14); The man in charge of the meeting place was angry because Jesus had healed someone on the Sabbath. So he said to the people, "Each week has six days when we can work. Come and be healed on one of those days, but not on the Sabbath."(Lk 13:14)

의사선생님을 생각하며 드리는 치유기도

통찰력
노만 빈센트 필

주님,
제 의사 선생님을 생각하며
주님께 감사를 드립니다.
그에게 통찰력을 주셔서,
모든 것을 파악하고
원인을 규명할 수 있게 하옵소서.
그의 손을 침착하게 하시고,
주님의 강한 손으로 인도하여 주옵소서.
오 주님,
그의 어깨 너머를 보시고,
주님의 이름으로 치유할 수 있는 능력을
그에게 부어주옵소서.
우리 주 예수 그리스도의 이름으로 기도드립니다.
아멘.

*이르시되 너희는 가서 저 여우에게 이르되 오늘과 내일은 내가 귀신을 쫓아내며 병을 고치다가 제 삼일에는 완전하여지리라 하라(눅 13:32); Jesus said to them: Go tell that fox, "I am going to force out demons and heal people today and tomorrow, and three days later I'll be through."(Lk 13:32)

의사들을 위하여 드리는 치유기도

아무리 지쳐 있을 때라도
호프 프리만

아픈 사람들을 사랑하셔서
건강하게 치유해 주신
예수 그리스도의 아버지,
우리 하나님,
모든 의사들이 질병을 치유하고
고칠 수 있는 방법을
좀 더 많이 찾기 위해 애쓸 수 있도록
성령께서 그들을 도와주옵소서.
또 그들이 아무리 지쳐 있을 때라도,
예수님께서 그러셨던 것처럼,
언제나 자신의 일을
애정과 인내로 수행할 수 있게 도와주옵소서.
하나님, 저희의 기도를 들으시옵소서.
예수님의 이름으로 기도드립니다.
아멘.

*여호와여 내게 은혜를 베푸소서 내가 주께 범죄하였사오니 나를 고치소서(시 41:4);
"Have pity, LORD! Heal me, though I have sinned against you."(Ps 41:4)

희망과 기적을 창조하는 이야기 치유기도

마음가짐에 달렸다
돈 쉘비

우리 어머니에게 사치와 낭비란 없었습니다. 단 하나 예외가 있다면, 그것은 프릴 장식의 잠옷이었지요. 하지만 한 번도 입지 않으셨습니다. "난 저 잠옷을 내가 병원에 가게 될 때 입으려고 간직하고 있는 거야. 하지만 아직 난 건강해."

여러 해가 지난 후, 어머니는 알 수 없는 병을 앓게 되었습니다. 69번째 생신을 바로 앞에 둔 어느 겨울날, 어머니는 잠옷을 싸 들고 병원에 검사를 받기 위하여 입원하셨지요.

최종 검사를 마친 뒤, 의사는 어머니가 사실 날이 몇 주밖에 남지 않았다고 나에게 말해 주었습니다. 나는 이 사실을 어머니게 말씀드려야 할지 어떨지 몰라 며칠을 두고 고민했지요. 무언가 희망을 드릴 순 없을까? 나는 말씀드리지 않기로 했습니다……. 아직은 아니었습니다. 대신 어머니의 생신 날에 내가 찾을 수 있는 한 가장 비싸고 아름다운 잠옷과 가운을 사드리기로 했습니다. 어머니는 적어도 당신이 병원에서 가장 아름답고 고상하다고 느끼실 지도 모르니까요.

선물을 풀자, 어머니는 아무 말씀이 없었습니다. 마침내 어머니는 선물 꾸러미를 가리키며 말씀하셨지요. "그걸 다시 물리는 게 어떻겠니? 난 정말 내키지 않는구나." 그리고는 어머닌 신문을 집어 들고, 한 유명 디자이너의 여름 지갑을 가리키시는 것이었습니다. "난 이게 정말 갖고 싶구나." 왜 평생을 검소하게 살아오신 어머니가 한 겨울에 비싼 여름 지갑을 사달라고 하셨을까요?

나는 깨달았습니다……. 어머니는 바로 자신이 얼마나 살 수 있느지를 묻고 계신 것이었지요. 어쩌면 어머니가 그 여름 지갑을 쓸 수 있을 만큼 오래 사실 수 있다고 생각하신다면, 정말 그리 될지도 모릅니다. 어머니의 병실로 그 지갑을 사 가지고 갔을 때, 어머니는 그 지갑을 품에 꼭 안고는 얼굴 가득 어린아이 같은 웃음을 머금으셨습니다.

그 뒤 여러 해가 지나고 그 특별한 지갑은 이미 많이 낡았습니다. 다음 주에는 어머니의 83회 생신을 축하하게 됩니다! 내가 드린 선물? 세상에서 가장 값진 그 지갑은 앞으로도 잘 쓰실 것입니다!

그렇습니다……. 결국 마음가짐에 달린 것이지요! 비록 그것이 죽고 사는 유일한 이유는 아닐지라도 말이에요. 마음가짐은 우리의 삶과 죽음에 영향을 미친답니다. 내가 어떤 환자 옆에 서 있었을 때, 환자의 담당의사가 내게 말했습니다. "목사님, 의지할 곳이 있다는 것은 환자들에게 참으로 도움이 됩니다. 기도하는 사람은 기도하지 않는 사람보다 회복도 빠르고 더 오래 삽니다." 물론 과학적이지는 않지요. 그러나 외과의사의 개인적인 관찰은 중요한 사실 한 가지를 말해주고 있습니다. 마음먹기에 달린 것이라고요!

---

*끝으로 형제들아 무엇에든지 참되며 무엇에든지 경건하며 무엇에든지 옳으며 무엇에든지 정결하며 무엇에든지 사랑 받을 만하며 무엇에든지 칭찬 받을 만하며 무슨 덕이 있든지 무슨 기림이 있든지 이것들을 생각하라(빌 4:8); Finally, my friends, keep your minds on whatever is true, pure, right, holy, friendly, and proper. Don't ever stop thinking about what is truly worthwhile and worthy of praise.(Php 4:8)

간호사를 생각하며 드리는 치유기도

사랑하시는 종
노만 빈센트 필

주님,
제 간호사로 인하여
주님께 감사를 드립니다.
그들은 그 많은 일들을 하면서도
결코 짜증을 내거나
신경질을 부리지 않는 것 같습니다.
아버지,
그들이 맡은 임무를 다할 수 있도록
힘을 주시고,
주님의 사랑 많으신 돌봄으로
그들을 축복하여 주옵소서.
그들 스스로가 주님께서 사랑하시는
종이라는 사실을 깨닫게 하옵소서.
예수님의 이름으로 기도드립니다.
아멘.

*하나님이 교회 중에 몇을 세우셨으니 첫째는 사도요 둘째는 선지자요 셋째는 교사요 그 다음은 능력을 행하는 자요 그 다음은 병 고치는 은사와 서로 돕는 것과 다스리는 것과 각 종 방언을 말하는 것이라(고전 12:28); First, God chose some people to be apostles and prophets and teachers for the church. But he also chose some to work miracles or heal the sick or help others or be leaders or speak different kinds of languages.(1Co 12:28)

환자를 치료할 때 드리는 치유기도

여기, 제가 있습니다
마이모니데스(1134-1204), The Medical Oath

주님,
주님의 영원하신 섭리가
저에게 주님께서 지으신 피조물들의
생명과 건강을 보살피라고 명하셨습니다.
제 기술에 대한 사랑이 언제나 저를 움직이게 하시고,
탐욕이나 욕심이나
영광에 대한 갈증이나 커다란 명성이
제 마음을 차지하지 못하게 하옵소서.
제가 환자를 볼 때마다
고통당하고 있는 동료로 여기게 하옵소서.
저에게 힘과 시간과 기회를 주셔서
항상 제가 습득한 것들을 교정할 수 있게 하시고,
항상 그 영역을 넓혀갈 수 있게 하옵소서.
지식은 끝이 없으며,
인간의 영혼은 필요할 때마다
언제나 무한하게 확대될 수 있기 때문입니다.
오 하나님,
하나님께서는 저에게 하나님께서
지으신 피조물들의 삶과 죽음을 지켜보라고 명하셨습니다.
여기, 제가 있습니다.
제 소명을 따를 준비가 되어 있습니다.
예수님의 이름으로 기도드립니다. 아멘

*먼 데 있는 자에게든지 가까운 데 있는 자에게든지 평강이 있을지어다 평강이 있을지어다 내가 그를 고치리라 하셨느니라(사 57:19); No matter where you are, I, the LORD, will heal you and give you peace.(Isa 57:19)

병자를 돌보는 사람들을 위하여 드리는 치유기도

희망의 불빛
Church Missionary Society, 1899

오 주님,
온갖 병들을 치유하시고
선을 행하시느라 동분서주하셨던
예수 그리스도시여,
주님을 위해 봉사하고 있는 모든 종들,
의사와 외과의사, 간호사들에게
힘과 지혜와 친절을 부어주옵소서.
그들 안에 언제나 주님이 임하시기를,
그들이 환자를 치료해줄 뿐만 아니라
축복까지 해주기를 간구합니다.
비탄과 두려움으로 가득 찬
어둡고도 어두운 시간에
희망의 불빛을 비춰줄 수 있게 하옵소서.
저들이 성부와 성령과 함께 살고,
영원한 하나님의 세계를 함께 통치하게 하옵소서.
예수님의 이름으로 기도드립니다.
아멘.

*예수께서 그의 열두 제자를 부르사 더러운 귀신을 쫓아내며 모든 병과 모든 약한 것을 고치는 권능을 주시니라(마 10:1); Jesus called together his twelve disciples. He gave them the power to force out evil spirits and to heal every kind of disease and sickness.(Mt 10:1)

간호하는 사람들을 위하여 드리는 치유기도

사랑으로
미국 기도서

주여,
병든 부모나 병든 배우자
혹은 병든 자녀를
간호하고 있는 사람들을 위해 기도합니다.
질병으로 인해 생명이 위협받는 곳에서
간호를 담당하고 있는 저들에게
평온함과 지혜를 부어주옵소서.
평생토록 돌봐주어야 한다는 사실을 잘 알면서
만성질환자들을 간호하고 있는 사람들을 위해 기도합니다.
그들이 고된 임무와 부족한 수면시간에도 불구하고
환자들을 대할 때 인내와 끈기와 관대함을
발휘할 수 있도록 도와주옵소서.
아버지와 같은 사랑으로 그들을 돌봐주시고,
그들이 사랑과 친절을
유지할 수 있을만한 힘을 얻도록,
그들의 필요를 채워주옵소서.
우리 주 예수 그리스도의 이름으로 기도드립니다.
아멘.

---

*무리가 알고 따라왔거늘 예수께서 그들을 영접하사 하나님 나라의 일을 이야기하시며 병 고칠 자들은 고치시더라(눅 9:11); But a lot of people found out about this and followed him. Jesus welcomed them. He spoke to them about God's kingdom and healed everyone who was sick.(Lk 9:11)

수술을 앞두고 드리는 치유기도

나의 도움이 어디서 오는가
신현복

주님,
제가 수술을 앞두고
눈을 들어 산을 봅니다.
'나의 도움이 어디서 오는가?'
저의 도움은 하늘과 땅을 지으신
주님에게서 오는 것을 확실히 믿습니다.
주님께서는 제가 인생의 헛발을
디디지 않게 지켜 주십니다.
저를 지키시느라 졸지도 않으시고
주무시지도 않으십니다.
주님은 저를 지키시는 분,
주님은 제 오른편에 서서
저를 보호하는 그늘이 되어 주시니,
낮의 해도 저를 해치지 못하며
밤의 달도 저를 해치지 못할 것입니다.
주님,
수술을 집도하는 의사 선생님과
관련된 모든 이들에게

성령의 능력을 갑절이나 주시어,
성공적으로 수술을 마칠 수 있도록 도와주옵소서.
모든 어려움에서 지켜 주시고
제 생명을 지켜 주옵소서.
수술실에 들어갈 때부터 나올 때까지,
천군천사들의 강력한 보호를 받게 하옵소서.
이제부터 영원까지 지켜 주실
예수님의 이름으로 기도드립니다.
아멘.

*내 이름을 경외하는 너희에게는 공의로운 해가 떠올라서 치료하는 광선을 비추리니 너희가 나가서 외양간에서 나온 송아지 같이 뛰리라(말 4:2); But for you that honor my name, victory will shine like the sun with healing in its rays, and you will jump around like calves at play.(Mal 4:2)

희망과 기적을 창조하는 이야기 치유기도

긴급구조 천사
로버트 스트랜드

　1990년 12월 아주 추운 저녁, 경찰학교를 이제 막 졸업한 에드윈 크레이그는 덴버 공항을 경찰차로 순찰하고 있었습니다. 그 구역을 한 바퀴 돌고 난 에드윈은, 사람들이 전혀 다니지 않는 긴 도로를 따라 차를 몰고 내려갔지요. 그런데 순찰차 저 만치 앞에서, 한 노인이 느릿느릿 걷다가 멈추어 서더니, 끝내 벽에 기대어서는 무너지듯이 쓰러지는 게 보였습니다.
　그 노인에게로 달려간 에드윈은 훈련받은 대로 맥박을 재 보았습니다. 그러나 맥박이 뛰질 않았습니다. 게다가 호흡마저 멈춘 것이 아닌가요? 정말 안타까운 순간이었습니다. 그가 처음으로 맞는 위급 순간이었고, 지원 경찰도 하나 없는 상황이었습니다. 그래서 곧바로 무전으로 지원을 요청했습니다. 빈약하긴 했지만, 경찰학교에서 받았던 훈련도 까마득한 옛날 일처럼 느껴졌습니다. 하지만 그 순간 만일에 자신이 아무런 조치를 취하지 않는다면, 이 노인은 지원 팀이 도착하기 전에 죽을 것이라는 생각이 스쳐 지나갔지요. 그러나 그 순간에 그가 할 수 있는 일이라야 뭐가 있었겠습니까? 에드윈은 속삭이듯 기도를 하기 시작했습니다. "예수님, 도와주세요. 제가 이 상황에서 무엇을 해야 됩니까?"
　바로 그 순간, 뒤에서 어떤 여자의 목소리가 들려왔지요. "저는 응급실 간호사입니다. 인공호흡을 하세요. 제가 심장압박을 해볼게요." 이상했습니다. 이 길고 텅 빈 도로에서 누군가가 자기에게로 온다면 발자국 소리가 들렸을 텐데, 아무 발자국 소리도 들리지 않았는데 이 간호사라는 여자가 자기 뒤에 있는 것입니다.
　하지만 상황이 너무나 급했기 때문에, 뒤를 돌아볼 여유도 없이 그 간호사가 시키는 대로 인공호흡을 시작했습니다. 그리고 그 간호사는 가슴압박을 실시했지요. 다행히도 곧이어 긴급구조 팀이 도착했고, 그들에게 넘겨진 환자는 곧 회생하기 시작했습니다.

이제 임무를 마친 에드윈이 그 간호사에게 고맙다는 말을 하려고 주위를 둘러보았습니다. 하지만 그런 여자는 어디에도 없었습니다. 그 외딴 길은 길었고 빠져나갈 곳도 없었습니다. 그 여자는 에드윈에게 긴급한 도움이 필요할 때 나타나서 그를 도와주고는 홀연히 사라진 거지요.

'그럼, 천사란 말인가? 천사들도 인공호흡을 할 줄 아나? 천사도 사람들을 구할 때 인공호흡을 사용해야 하나?' 지금까지도 에드윈은 천사도 인공호흡을 알고 있다고 믿고 있습니다. 다른 천사는 몰라도, 적어도 덴버에 나타났던 그 천사는 알고 있겠지요.

에드윈은 아직도 경찰로 근무하고 있습니다. 그리고 그는 믿고 있습니다. 어느 곳에서든, 우리가 필요할 때면, 하나님의 손길이 나타난다는 것을요. 그리고 동료들에게도 그 사실을 믿게 하고 있습니다. 아멘.

---

*예수께서 제자들 앞에서 이 책에 기록되지 아니한 다른 표적도 많이 행하셨으나 오직 이것을 기록함은 너희로 예수께서 하나님의 아들 그리스도이심을 믿게 하려 함이요 또 너희로 믿고 그 이름을 힘입어 생명을 얻게 하려 함이니라(요 20:30-31); Jesus worked many other miracles for his disciples, and not all of them are written in this book. But these are written so that you will put your faith in Jesus as the Messiah and the Son of God. If you have faith in him, you will have true life.(Jn 20:30-31)

수술을 마치고 나서 드리는 치유기도

돋는 햇빛
신현복

주님,
이렇게 성공적으로
수술을 마치게 해주시니 감사합니다.
수술 중에도 의사 선생님과 관련된 모든 이들을
주님의 영으로 인도해 주시고,
천군천사의 호위를 받게 해주신 것을 생각할 때
무한감사를 드립니다.
지금 제 마음은 광야와 메마른 땅이 기뻐하며,
사막이 백합화같이 피어 즐거워하는 것과 같습니다.
이렇게 새 삶을 얻게 하셨으니,
이제부터는 세월을 허송하지 않고
아침 해처럼 돋는 햇빛이 되게 하옵소서.
속히 맥 풀린 손이 힘을 쓰고,
떨리는 무릎이 굳세어지고,
두려워하던 마음이 다 사라지게 하옵소서.
온전히 회복시키시는
예수님의 이름으로 기도드립니다.
아멘.

*그리하면 네 빛이 새벽 같이 비칠 것이며 네 치유가 급속할 것이며(사58: 8); Then your light will shine like the dawning sun, and you will quickly be healed. (Isa 58:8)

건강의 회복을 위하여 드리는 치유기도

회복
토마스 켄

주님,
저의 회복을 위해 사용되는
모든 수단들을 축복하시고,
주님이 원하시는 시간에
저의 건강을 회복시켜 주옵소서.
하지만 주님께서 다른 길을 정하셨다면,
그대로 이루어지게 하옵소서.
제가 아래에 있는 것들을
더 이상 사랑하지 않게 하시고,
하늘을 향한 강렬한 소망으로 저를 채워주옵소서.
주님, 주님께서 원하신다면,
저를 주님의 뜻에 합당하게 하시고,
말할 수 없는 기쁨과
충만한 영광으로 저를 인도하옵소서.
나의 구원자이신 주님의 독생자
예수님의 이름으로 기도드립니다
아멘.

---

*예수께서 각종 병이 든 많은 사람을 고치시며 많은 귀신을 내쫓으시되 귀신이 자기를 알므로 그 말하는 것을 허락하지 아니하시니라 (막 1:34); Jesus healed all kinds of terrible diseases and forced out a lot of demons. But the demons knew who he was, and he did not let them speak.(Mk 1:34)

누군가가 위독하다는 소식을 들었을 때 드리는 치유기도

믿음의 깊이
니콜라스 페라 (1593-1637)

지극히 위대하신 하나님,
자비하신 성부여,
저희가 가장 겸손한 마음으로 간청합니다.
하나님께서 기뻐하시는 일이라면,
지금 병상에 누워 있는 ○ ○ ○ 와
우정을 계속 나눌 수 있도록 해주옵소서.
저희 믿음의 깊이를 보시어
그가 우리 곁에 좀 더 머무르게 해주옵소서.
저희가 그를 상실하고,
구원의 기회마저 상실한 것은,
실로, 저희의 배은망덕 때문입니다.
저희는 이렇게 탄원할 자격마저 없지만,
하나님의 자비하심이 모든 것 위에 있습니다.
비오니, 저희의 간절하고 겸허한 열심을 헤아리시어,
하나님의 영광을 가리는 일이 아니라면,
저희의 기도를 들으시고,
그를 죽음의 문에서 되돌려 주옵소서.
그가 변을 당하지 않고 살아서,
하나님께는 영광이요
저희에게는 위로가 되게 해주옵소서.

주님, 저희가 이 땅에서
고통스러워하지 않고 슬퍼하지 않도록
그것들을 저희에게서 물리쳐 주옵소서.
하나님께서 그에게 커다란 도움을 베푸시고,
저희 가운데 가장 좋은 것을 허락하셨습니다.
어찌 저희가 그를 상실할 리가 있겠습니까?
하나님의 기쁨을 빼앗을 자 과연 누구이겠습니까?
비오니, 그런 일이 절대 없도록 해주옵소서.
비오니, 하나님께서 기뻐하실 수만 있다면,
저희의 사랑하는 ○ ○ ○ 를 저희에게 다시 돌려주시고,
그에게 건강을 다시 돌려주옵소서.
예수님의 이름으로 기도드립니다.
아멘.

*믿음의 기도는 병든 자를 구원하리니 주께서 그를 일으키시리라 혹시 죄를 범하였을지라도 사하심을 받으리라(약 5:15); If you have faith when you pray for sick people, they will get well. The Lord will heal them, and if they have sinned, he will forgive them.(Jas 5:15)

> 사랑하는 사람이 아플 때 드리는 치유기도

너무도 사랑스러운
노만 빈센트 필

주님,
너무도 사랑스러운 ○ ○ ○ 을
사랑 많으신 주님의 손에
맡길 수 있으니 감사합니다.
저희가 ○ ○ ○ 을 사랑하는 만큼
주님께서도 사랑하시니,
이제 예수 그리스도의 치유의 은총이
한없이 흘러넘칠 것을 저희가 믿습니다.
이 일로 인하여
저희가 주님께 감사를 드립니다.
예수님의 이름으로 감사하며 기도드립니다.
　아멘.

*병든 자를 고치며 죽은 자를 살리며 나병환자를 깨끗하게 하며 귀신을 쫓아내되 너희가 거저 받았으니 거저 주라(마 10:8); Heal the sick, raise the dead to life, heal people who have leprosy, and force out demons. You received without paying, now give without being paid.(Mt 10:8)

사랑하는 사람이 아플 때 드리는 치유기도

어루만져 주실 것을
노만 빈센트 필

하나님,
하나님의 사랑 가득한 친절하심을 통하여
제가 믿음 가운데 확신합니다.
이제 하나님의 치유의 손길이
저희가 사랑하는 ○ ○ ○ 을
어루만져 주실 것을 믿습니다.
하나님께서는 저희의 관심사를 잘 아십니다.
그러니 하나님을 향한 저희의 사랑도 아시고,
저희가 사랑하는 ○ ○ ○ 을
하나님께서 회복시켜 주실 것을
믿고 있다는 사실도 잘 아십니다.
예수 그리스도의 이름으로 기도드립니다.
아멘.

---

*예수께서 눈물을 흘리시더라 이에 유대인들이 말하되 보라 그를 얼마나 사랑하셨는가 하며(요 11:35-36); Jesus started crying, and the people said, "See how much he loved Lazarus."(Jn 11:35-36)

사랑하는 사람이 아플 때 드리는 치유기도

주님께서 돌보시는 한
노만 빈센트 필

주님,
저희가 사랑하는 ○ ○ ○ 이 아픕니다.
예수 그리스도의 치유의 은총으로
그를 어루만져 주옵소서.
그를 건강하게 하옵소서.
제가 주님께 간구합니다.
주님께서는 저희가 사랑하는 ○ ○ ○ 에게 생명을 주셨고,
그의 생명을 되살릴 수 있는 능력도 지니셨습니다.
저희가 그를 주님의 친절하시고
사랑 많으신 손에 맡깁니다.
주님께서 돌보시는 한,
땅에서든 하늘에서든,
그에게 아무런 해도 없으리라는 사실을
저희가 잘 알고 있기 때문입니다.
병든 이들을 치유해 주시는 주님의 능력을 믿습니다.
믿음을 통하여,
창조주 하나님의 엄청난 치유 능력이 재창조를 이룩합니다.
저희가 사랑하는 ○ ○ ○ 을 주님께 맡기고,

주님의 손을 그에게 얹어
회복시켜 주실 것을 간구합니다.
예수 그리스도께서는 어제도, 오늘도, 내일도,
영원히 변함이 없으십니다.
주님, 주님께서는 저희가 사랑하는 ○ ○ ○ 에게
새로운 건강과 힘을 주실 수 있습니다.
주님의 거룩하신 이름으로 저희가 겸손히,
진정으로 간구합니다.
예수 그리스도의 이름으로 기도드립니다. 아멘.

*여호와께서 히스기야의 기도를 들으시고 백성을 고치셨더라(대하 30:20); The LORD answered Hezekiah's prayer and did not punish them.(2Ch 30:20)

희망과 기적을 창조하는 이야기 치유기도

나는 당신이 필요해!
로버트 스트랜드

어느 시골 마을 의사가 한 환자에 대하여 말하고 있었습니다.

환자의 남편은 강하고 조용하며 과묵해서 자신의 감정을 곧잘 표현하지 않는 사람이었지요. 매우 마르고 연약한 그 여자 환자는 맹장이 터져 복막염이 되어서야 병원으로 왔습니다. 물론 현재의 의술로 그 병에 대한 치료가 가능한데도 불구하고 그녀는 점점 약해져 갔지요. 그래서 의사는 그녀에게 살려고 하는 의지를 북돋아 주기 위하여 이렇게 말했답니다.

"존처럼 강한 사람이 되도록 노력해 보세요."

"존은 너무 강해서 누구의 도움도 필요 없는 사람이에요."

그날 밤 의사는 존에게 그의 아내가 회복하려는 의지가 없는 것 같다고 말했습니다.

"제 아내는 나아야 해요. 수혈을 받으면 도움이 되지 않을까요?"

존의 혈액형은 아내의 혈액형과 일치했습니다. 그래서 바로 수혈에 들어갔지요. 존은 아내 옆에 누워서 자신의 피가 아내의 정맥 속으로 흘러 들어갈 때 말했습니다.

"나는 당신을 꼭 살리고 말 거야."

"왜죠?" 아내는 이렇게 물으며 눈을 감았습니다.

"왜냐고? 나는 당신이 필요해!" 존은 나지막이 대답했지요.

잠시 침묵이 흐른 뒤 아내의 맥박이 조금씩 빨라지며 아내는 눈을 떴습니다. 그리고 천천히 얼굴을 돌려 존을 바라보며 감격에 벅찬 목소리로 말했지요.

"제가 필요하다는 말을 전에는 한 적이 없잖아요."

이 일에 대하여 이야기하던 의사는 말했습니다. "그녀를 죽음의 문턱에서 살려낸 것은 수혈이 아닙니다. 그것은 바로 그 피 속에 녹아 흐르던 사랑이었지요. 물론 그녀는 완전히 회복했습니다."

사랑의 힘이 발휘되려면 두 가지 방법이 있습니다. 그것은 바로 사랑을 주고받는 것이지요. 인생에서 가장 기억하고 싶은 소중한 시간은 누군가가 "나는 당신이 필요해요!"라고 여러분에게 속삭이는 순간일 겁니다. 이 아름다운 말을 하고 또 듣는 것이야말로 인생을 다르게 만들 수 있지요.

신앙의 세계에도 인간사와 마찬가지로 같은 개념이 있습니다. 이 말을 생각해 봅시다. 우리가 하나님을 필요로 하듯이 하나님도 우리를 필요로 하신다는 사실을! 하나님은 항상 인간에게 깨달음을 주십니다. 하나님은 하나님께 응답하고 안하고를 선택할 능력을 인간에게 주셨지요. 이것은 어떤 면으로는 도전이며 기회입니다. 만일에 인간들이 하나님께 응답하지 않는다면 어떻게 될까요? 하나님은 타락한 인간들이 사랑을 이해할 수 있도록 독생자 예수 그리스도를 보내셨습니다.

최근에 "나는 당신이 필요해!"라고 말해 봤습니까? 또 하나님께 하나님이 필요하다고 기도한 적이 있습니까? 사랑이 제 힘을 발휘하려면 서로 주고받아야 하는 것입니다. 나부터 먼저 말합시다. "나는 당신이 필요해!"

---

*하나님이 그 아들을 세상에 보내신 것은 세상을 심판하려 하심이 아니요 그로 말미암아 세상이 구원을 받게 하려 하심이라(요 3:17); God did not send his Son into the world to condemn its people. He sent him to save them!(Jn 3:17)

아파하는 사람들을 위하여 드리는 치유기도

하나님의 평화
호주 기도서

하나님,
몸이 아픈 사람들,
마음과 영혼이 아픈 사람들을 위해 기도합니다.
특별히 기도하오니,
고통당하고 있는 그들에게
하나님의 평화를 부어주시고,
연약한 그들에게
하나님의 능력을 부어주시고,
슬픔을 겪고 있는 그들에게
하나님의 위로를 부어주옵소서.
우리 주 예수 그리스도의 이름으로 기도드립니다
아멘.

*여호와께서 자기 백성의 상처를 싸매시며 그들의 맞은 자리를 고치시는 날에는 달빛은 햇빛 같겠고 햇빛은 일곱 배가 되어 일곱 날의 빛과 같으리라(사 30:26); Then the LORD will bandage his people's injuries and heal the wounds he has caused. The moon will shine as bright as the sun, and the sun will shine seven times brighter than usual. It will be like the light of seven days all at once.(Isa 30:26)

괴로워하는 사람들을 위하여 드리는 치유기도

함께
프랑스와 페늘롱 (1631-1715)

하나님,
용기와 인내로
괴로움을 견디고 있는
모든 사람들을 생각하며
하나님께 감사를 드립니다.
그들의 삶을 비추어 주시고
저희의 삶을 이끌어 주시니 감사합니다.
그들에게 확고한 사명의식을 심어 주옵소서.
그들이 주님의 완벽하신 모범을 따라
주님의 괴로움을
함께 나눈다는 사실을 깨닫고
힘을 얻을 수 있게 하옵소서.
그들에게 가까이 임하셔서,
하나님의 능력과
하나님의 평화를 부어 주옵소서.
우리 주 예수 그리스도의 이름으로 기도드립니다.
아멘.

*상심한 자들을 고치시며 그들의 상처를 싸매시는도다(시 147:3); He renews our hopes and heals our bodies.(Ps 147:3)

> 고통 받는 사람들을 위하여 드리는 치유기도

가까이 임하옵소서
에이미 카미첼 (1868-1951)

주여,
고통 가운데 있는
모든 이들을 위하여 주님께 기도합니다.
오, 오셔서 다시 한 번
주님의 적을 치옵소서.
주님의 종들에게 고통을 덜어주고
축복해 줄 수 있는 기술을 가르쳐 주옵소서.
고요함을 주옵소서.
그리고 주여,
고통이 결코
끊이지 않으리라는 사실을 아는 사람들에게,
가까이 임하옵소서.
그렇게 하면 그들이 평안을 얻을 것입니다.
예수님의 이름으로 기도드립니다.
아멘.

*여호와께서 애굽을 치실지라도 치시고는 고치실 것이므로 그들이 여호와께로 돌아올 것이라 여호와께서 그들의 간구함을 들으시고 그들을 고쳐 주시리라(사 19:22); After the LORD has punished Egypt, the people will turn to him. Then he will answer their prayers, and the Egyptians will be healed.(Isa 19:22)

장애우들을 위하여 드리는 치유기도

그 아이들을 위하여
진 스티븐스

하나님,
오늘 저희가 기도하는 가운데
저희처럼 자유롭게 달리고 뛰어놀 수 없는
아이들을 위해 기억합니다.
수많은 시간을 휠체어에 앉아서,
혹은 침대에 누워서, 혹은 창가에 앉아서,
자기 친구들이 뛰어노는 모습만
바라보고 있는 아이들을 떠올립니다.
저희가 이기적인 사람이 되지 않도록 도와주옵소서.
그 아이들을 위하여 시간을 할애할 수 있도록,
저희의 책을 나눠주고,
저희의 녹음기와 게임기를 나눠줄 수 있도록,
소식을 전해주고 행복한 편지를 쓸 수 있도록 도와주옵소서.
거리나 들판에 나가는 일 없이
온종일 집안이나 병원에 갇혀 지내는 아이들을 도우셔서,
저희가 자기에 관해 생각하고 있음을,
사람들이 자기를 걱정하고 있음을 알게 하옵소서.
그 아이들이 그림과 음악과 이야기와 우정을 통해서
기쁨을 누릴 수 있도록 도와주옵소서.
예수 그리스도의 이름으로 기도드립니다.
아멘.

*해 질 무렵에 사람들이 온갖 병자들을 데리고 나아오매 예수께서 일일이 그 위에 손을 얹으사 고치시니(눅 4:40); After the sun had set, people with all kinds of diseases were brought to Jesus. He put his hands on each one of them and healed them.(Lk 4:40)

고통 받는 사람들을 돌보며 드리는 치유기도

아프신 예수
캘커타의 테레사 (1910-1997)

주님,
가장 귀하신 이여,
오늘 그리고 매일,
앓은 이들에게서 주님을 보게 하옵소서.
그들을 돌봄으로 주님을 섬기게 하옵소서.
짜증나게 하는 사람들,
힘들게 하는 사람들,
몰상식한 사람들처럼,
주님이 매력 없는 모습으로 가장하고 오시더라도,
제가 주님을 알아보고
"아프신 예수여,
주님을 섬기는 것이 얼마나 좋은지요!"라고
고백하게 하옵소서.
주님, 이렇듯 믿음의 눈을 주옵소서.
그러면 저는 무뎌지지 않을 것입니다.
가난으로 고통 받는 이들의 헛된 바람을 들어주며,
그들의 바람을 위하여 일하는 것을
늘 즐거워할 수 있을 것입니다.
오 사랑하는 환자여,
그리스도의 몸을 보여 주니
그대가 얼마나 귀한 분인지요!
그대를 섬기도록 허락된 것이
얼마나 큰 특권인지요!

주님, 내 가장 사랑하는 이여,
저에게 맡겨진 이 소명과 책임이
얼마나 귀한지 깨닫게 하옵소서.
냉정하고 불친절하고 참지 못함으로
이 소명을 욕되게 하지 않게 하옵소서.
오 주님,
저의 환자로서
제 돌봄을 받으실 때
제 결점을 참아 주시고,
고통 받는 이들을 통하여
주님을 사랑하고 섬기려는
저의 일념만을 보아 주옵소서.
주님, 제 믿음이 자라게 하옵소서.
저의 노력과 일에 복을 주옵소서.
지금부터 영원토록.
예수님의 이름으로 기도드립니다.
아멘.

*내가 네 사업과 사랑과 믿음과 섬김과 인내를 아노니 네 나중 행위가 처음 것보다 많도다(계 2:19); I know everything about you, including your love, your faith, your service, and how you have endured. I know that you are doing more now than you have ever done before.(Rev 2:19)

아이의 병상에서 드리는 치유기도

유일한 설명
아즈텍 (15세기)

가장 힘이 강하신 주님,
날개 아래 보호하시고 피하게 하시는 이여,
주님은 볼 수도 없고
만질 수도 없는 밤이나 공기 같습니다.
주님 앞에 모습을 나타내나
신경질적인 불확실성으로 말을 더듬는 제 모습이,
마치 비틀거리다 길을 잃어버린 사람 같습니다.
저의 잘못된 행위가 주님의 진노를 사서,
저에게 이렇게 분개하시는 것은 아니신지요?
그것이 저희 가정에 덮친 지독한 병에 대하여
제가 발견할 수 있는 유일한 설명입니다.
제 아이들의 비참함은 확실히 제 사악함의 결과입니다.
주님, 주님의 기쁘신 뜻대로 제 몸을 처리해 주옵소서.
제가 감당해야 할 질병이라면
어떤 것이든지 제 위에 쌓아 주옵소서.
저에게 어떤 고난이나 어떤 모욕도 아끼지 마옵소서.
제 자신의 행동 때문에 받는 벌을 참게 해주옵소서.
그래서 제 자녀들이 건강과 행복을 되찾고,
불끈 일어나
주님의 의로운 길을 따르게 해주옵소서.
저의 못난 자아를 죽이시고
아이들을 살려 주옵소서.
예수님의 이름으로 기도드립니다. 아멘.

---

*그 아이의 손을 잡고 이르시되 달리다굼 하시니 번역하면 곧 내가 네게 말하노니 소녀야 일어나라 하심이라 소녀가 곧 일어나서 걸으니 나이가 열두 살이라 사람들이 곧 크게 놀라고 놀라거늘(막 5:41-42); He took the twelve-year-old girl by the hand and said, "Talitha, koum!" which means, "Little girl, get up!" The girl got right up and started walking around. Everyone was greatly surprised.(Mk 5:41-42)

> 장애우들을 위하여 드리는 치유기도

시력과 청력 대신에
B. B.

하나님,
자연의 아름다움을 볼 수 없고
생명의 소리를 들을 수 없는 이들에게
축복을 내려주옵소서.
그들이 하나님의 존재를
느낄 수 있도록 도와주옵소서.
그들의 손과 발을 안전하게 인도하옵소서.
그들이 시력과 청력 대신에
하나님께서 주신 은사들을
발견할 수 있도록 도와주옵소서.
그리하여 하나님의 영광을 위해,
소경과 귀머거리들을 고치신
우리 주 예수 그리스도를 위해,
그 은사들을 사용하게 하옵소서.
예수 그리스도의 이름으로 기도드립니다.
아멘.

*마침 그 때에 예수께서 질병과 고통과 및 악귀 들린 자를 많이 고치시며 또 많은 맹인을 보게 하신지라(눅 7:21); At that time Jesus was healing many people who were sick or in pain or were troubled by evil spirits, and he was giving sight to a lot of blind people.(Lk 7:21)

희망과 기적을 창조하는 이야기 치유기도

레이첼의 천사
로버트 스트랜드

레이첼은 최근에 아주 끔직한 사고를 당했습니다. 쇼핑을 하러 갔다가 주차장에서 권총을 든 괴한에게 납치되었던 것이지요. 거기서 살아 돌아온 이야기를 들어봅시다.

그 괴한들은 그녀를 차에 태워 눈을 가리고는 아주 멀리 떨어진 숲 속으로 끌고 갔습니다. 거기서 그들은 그녀를 겁탈하고 난 다음, 그녀에게 세 번이나 총을 쏘고는 달아나 버렸습니다. 그 뒤 몇 시간이나 지났을까, 총에 맞은 그녀가 의식을 회복했습니다. 레이첼은 가까스로 일어서서 신발을 찾았지만 찾지 못하고, 맨발로 몇 번이나 넘어지면서 숲 속을 기다시피 빠져 나와 이름도 모르는 시골길에 도달하였습니다.

하지만 이런 사람의 왕래가 전혀 없는 길에서 도움을 받으려면 마을까지 수 마일을 더 가야만 한다는 것을 잘 알기에, 온몸의 힘을 쥐어짜며 고통스러운 자갈길을 걷기 시작했습니다. 총상을 입은 레이첼은 걷다가 기운이 빠지면 잠시 앉아 휴식을 취하고, 기운이 모아졌다 싶으면 다시 걷기를 반복했지요. 그러나 갑자기 이러다 그냥 죽는 것은 아닌가 하는 두려움이 엄습했습니다.

순간, 레이첼은 기도를 하기 시작했지요. 누군가를 보내서 자기를 도와 달라고 하나님께 간절히 기도했습니다.

그 때였습니다. 피를 많이 흘리고 지쳐 거의 정신이 나간 상태 속에서, 레이첼은 갑자기 자신이 누군가의 부축을 받고 있다는 느낌을 받았습니다. 걷는 것도 자신이 걷는 것이 아니라 그 누군가가 자신을 데리고 가는 것 같았고, 더 이상 넘어지거나 쓰러지지도 않았습니다. 마침내 어떤 마을의 언저리에 있는 한 집 앞에 도달한 레이첼은, 이상하게도 자신이 아주 부드럽게 땅바닥에 내려 놓아지는 느낌이 들었습니다.

그 집에서는 불빛이 새어 나왔습니다. 레이첼이 가까스로 세 발자국 정도 걸음을 떼서 현관에 도달해 문을 두드렸습니다. 한 젊은 여자가 문을 열고 나왔는데, 잠시 레이첼을 바라보다가 그 자리에서 그만 기절을 하고 말았지요. 그 모습을 보고 있던 그 여자의 남편이 대신 레이첼을 안으로 들여와 소파에 뉘이고 119에 전화를 걸었습니다. 그리고는 마침 정신이 들고 있던 자기 아내를 도와 주었습니다. 레이첼은 정신을 차리자, 의자에 앉아서 겨우 말했습니다. "죄송해요. 제 모습에 놀라셨지요? 그럴만도 하죠."

그러나 젊은 여자의 대답은 뜻밖이었습니다. "아가씨의 모습에 놀란 것이 아니에요. 아까, 아가씨가 현관에 있었을 때, 눈부신 천사가 당신을 안고 있었어요. 그래서 그 모습에 나도 모르게 기절을 한 거지요." 그 일이 있은 후에, 병원 응급실에서 레이첼을 치료하던 담당 의사가 레이첼에게서 이상한 점을 발견했습니다. 총상과 겁탈에 따라 많은 상처를 입었는데, 거친 시골길을 맨발로 걸은 그녀의 발에는 단 하나의 긁히거나 멍든 상처도 없었다는 사실입니다.

---

*우리가 여호와께 부르짖었더니 우리 소리를 들으시고 천사를 보내사 우리를 애굽에서 인도하여 내셨나이다(민 20:16); and when we begged our LORD for help, he answered our prayer and brought us out of that land.(Nu 20:16).

고통당하고 있는 이들이 생각날 때 드리는 치유기도

치유의 날개 아래
호주 기도서

영원하신 하나님,
그리스도의 십자가 희생을 통하여
베풀어 주신 하나님의 위대한 사랑과,
저희가 그분의 부활로써 얻은
새 생명을 생각하며 찬양을 드립니다.
특별히 저희가 감사드리는 것은
저희의 연약함과 고난 속에 그리스도께서 현존하심과,
말씀과 성례전의 교역과,
돌보아 주고 치유해 주는 이들 모두와,
저희의 유익을 위해 치러진 희생과,
저희가 너그럽게 베풀 수 있도록
기회를 주신 일에 대해서입니다.
은혜로우신 하나님,
저희가 다른 사람에게 관심을 보일 때,
저희의 기도 속에서뿐만 아니라 저희의 실천 속에서도
그리스도께서 자신을 내어주셨던 사랑을
순간순간 드러낼 수 있도록 해주옵소서.
특별히 기도드리는 것은,
몸과 마음이 아픈 이들과,
장기간 병원에 입원해 있는 이들과,
폭정과 압제에 시달리는 이들과,

상처받고 부상당한 이들과,
죽음에 직면한 이들과,
저희의 적이라고 할 수 있는 이들과,
가난한 지역에 있는 교회들에 대해서입니다.
오늘도 그들을 주님이 펼치시는
치유의 날개 아래 품어 주옵소서.
저희를 지으시고, 치유하시며, 강건케 하시는,
예수 그리스도의 이름으로 기도드립니다.
아멘.

---

*예수께서 돌이켜 그를 보시며 이르시되 딸아 안심하라 네 믿음이 너를 구원하였다 하시니 여자가 그 즉시 구원을 받으니라(마 9:22); Jesus turned, He saw the woman and said, "Don't worry! You are now well because of your faith." At that moment she was healed.(Mt 9:22)

장애우들을 위하여 드리는 치유기도

진정 필요한 것
미국 기도서

하나님,
듣지 못하거나, 보지 못하거나,
수족을 쓰지 못하거나,
마음이 아픈 장애우들을 전부 하나님께 맡깁니다.
그들을 비탄과 좌절에서 건지시고
그들의 탄식 한가운데서 기쁨이 솟게 하옵소서.
그들이 하나님을 알고
또 그들의 삶에 계획하신
하나님의 뜻을 발견함으로써
평화와 성취감을 누릴 수 있게 하옵소서.
특별히, 그들을 보살피고 있는 사람들을 위해 기도합니다.
그들에게 하나님의 사랑과 친절을 부어주시고,
자신이 돌보고 있는 이들에게
진정 필요한 것이 무엇인가를 알아채게 하옵소서.
예수님의 이름으로 기도드립니다.
아멘.

*제자들이 나가 각 마을에 두루 다니며 곳곳에 복음을 전하며 병을 고치더라(눅 9:6); The apostles left and went from village to village, telling the good news and healing people everywhere.(Lk 9:6)

청각 장애우들을 위하여 드리는 치유기도

배려
필리스 러브락 (Phyllis Lovelock)

주여,
저희가 일상적인 소리를
들을 수 있게 해주시니 감사합니다.
음악과, 저희 친구들의 음성과,
라디오 소리, 텔레비전 소리, 화재 경보음,
그리고 모퉁이를 돌아 나오는
자동차의 경적 소리를 들을 수 있게 하시니 감사합니다.
이 소리들을 전혀 들을 수가 없어서
자주 혼자라고 느끼는 청각 장애우들을
저희가 배려해 줄 수 있도록 도와주옵소서.
그들이 소외감을 덜 느낄 수 있도록
분명하게 말해야겠습니다.
그들을 가르치는 사람들에게도
인내를 허락하여 주옵소서.
예수 그리스도의 이름으로 기도드립니다.
아멘.

*예수께서 열두 제자를 불러 모으사 모든 귀신을 제어하며 병을 고치는 능력과 권위를 주시고 하나님의 나라를 전파하며 앓는 자를 고치게 하려고 내보내시며:(눅 9:1-2)
Jesus called together his twelve apostles and gave them complete power over all demons and diseases. Then he sent them to tell about God's kingdom and to heal the sick.(LK 9:1-2)

희망과 기적을 창조하는 이야기 치유기도

받은 축복을 세어 보자
가이드포스트

우리는 최근 들어 장애우에 대한 이야기를 많이 듣습니다. 하나뿐인 폐, 하나뿐인 신장, 모양이 흉측한 코와 귀, 말을 거의 할 수 없을 정도의 심한 언청이, 귀머거리, 장님…….

다른 아이들로부터 잔인하게 놀림을 당하고 부모로부터 버림을 받은 헬렌은 자신의 상황에 대하여 너무도 낙심해 있었습니다. 그래서 한 친구가 그녀를 교회로 데리고 갔지요. 헬렌은 교회에서 기도를 배웠고, 또한 그 어떤 상황 속에서도 사랑의 팔로 보호해 주시는 하나님에 대한 믿음을 배웠답니다.

그녀의 교회 친구가 소개해 준 의사를 통해 헬렌은 눈과 귀 수술을 받게 되었지만, 그만 수술은 실패로 끝나고 말았습니다. 그래서 그녀는 맹인 학교에 가게 되었지요.

수년이 지났지만 대화를 나눈다는 것은 여전히 헬렌에게 무척이나 힘든 일이었습니다. 그러던 어느 날, 헬렌이 다니는 교회에서 어느 성탄 전야 예배 때, 성만찬 예식이 있었습니다. 그래서 젊은 목사가 그녀에게 테이블을 들이밀었지요. 그런데 그녀는 빵과 포도주를 권하는 소리를 듣지를 못해서 잠깐의 침묵이 흐르게 되었습니다.

놀라움에 목사는 헬렌의 막대기를 보게 되었고, 왜 크리스마스 선물을 받지 못하고 있는지를 알게 되었습니다. 그래서 그가 너무나도 감동을 받아, 그녀의 볼에 키스를 하기 위하여 그의 얼굴을 수그렸을 때 그녀의 볼에는 이미 눈물이 흘러내리고 있었지요. 그러나 이 눈물은 그녀의 눈물이 아니었습니다. 그녀는 태어날 때부터 눈물샘이라는 것이 없었지요. 충분히 울 수 있는 기쁨마저 그녀에게는 허락이 되질 않았습니다.

나중에 목사님 사무실에서 그녀는 자신의 감정을 언청이 입술로 말하려 하였으나, 그녀의 말은 떨리기만 하였습니다. 그래서 그녀는 목사에게 자신이 갖고 있던 조그마한 소망마저 잃어버렸지만, 그녀의 신앙이 전보다 훨씬 강해졌다고 말했습니다. 그녀는 자신은 아주 운이 좋은 사람이라고 말했지요. 떠듬떠듬한 말로 다음과 같이 말을 하였답니다 : "나는 우리 반에서 '본다'는 것이 어떤 것인지를 '기억하고' 있는 유일한 사람입니다. 그러니 축복을 받은 사람이 아닙니까?"

 난 이 이야기가 여러분에게 어떻게 들릴지 모르겠습니다. 나는 이 이야기를 통해 그 동안 하나님이 나에게 주신 축복들에 대하여 곰곰이 생각해 보게 되었지요. 수많은 것들이 있습니다. 또한 심지어 우리가 잘 모르고 지내는 축복들도 있지요. 그러나 만일 다른 어떤 행동을 통해서 축복을 말해야 할 때가 있다면, 그건 바로 감사의 자세입니다. 하나님이 이 세상에 가장 필요한 존재인 예수 그리스도를 허락하신 사실에 대하여 우리 모두 감사를 드려야 합니다. 이런 감사의 마음을 이번 크리스마스에 한번 표현해 봅시다.

---

*태초에 말씀이 계시니라 이 말씀이 하나님과 함께 계셨으니 이 말씀은 곧 하나님이시니라 (요 1:1); In the beginning was the one who is called the Word. The Word was with God and was truly God.(Jn 1:1)

제 2 부

마음이 아플 때 드리는
사랑의 치유기도

불안할 때 드리는 치유기도

어떤 문제가 닥칠지라도
노만 빈센트 필

하늘에 계신 우리 아버지,
이 순간 주님의
무한하신 치유와 평화의 손으로
저를 어루만져 주시고,
긴장감과 불안을 제거해 주옵소서.
이 세상을 살아가는 동안
그 어떤 문제가 닥칠지라도
능히 이겨낼 수 있는 능력을
저에게 부어주옵소서.
주님께서 저를 도우시고
강하게 하여 주실 줄 믿습니다.
감사드리며, 예수님의 이름으로 기도합니다.
아멘.

*내 영혼아 네가 어찌하여 낙심하며 어찌하여 내 속에서 불안해하는가 너는 하나님께 소망을 두라 나는 그가 나타나 도우심으로 말미암아 내 하나님을 여전히 찬송하리로다(시 42:11); Why am I discouraged? Why am I restless? I trust you! And I will praise you again because you help me, and you are my God.(Ps 42:11)

> 초조할 때 드리는 치유기도

주님의 손을 잡고
노만 빈센트 필

하늘에 계신 우리 아버지,
제가 이 초조한 느낌을
극복할 수 있음을 믿습니다.
제가 위대하신 의사 선생님,
예수 그리스도에 대한 믿음을 통해서
저의 초조한 마음을
바로 볼 수 있게 하옵소서.
주께서 지금 저를 치료해 주시고 계십니다.
오 주님, 제가 주님의 손을 잡고 있습니다.
이제 저는 하나님의 평화를 지녔으니
두려울 게 하나도 없습니다.
주님께서 언제나 저를 보살펴 주시고
도와주실 것을 믿습니다.
감사드리며, 예수님의 이름으로 기도합니다.
아멘.

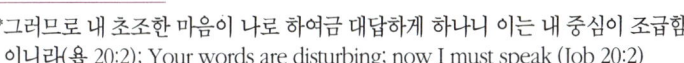

*그러므로 내 초조한 마음이 나로 하여금 대답하게 하나니 이는 내 중심이 조급함 이니라(욥 20:2); Your words are disturbing; now I must speak.(Job 20:2)

걱정될 때 드리는 치유기도

뒤숭숭
노만 빈센트 필

주님,
심히 걱정스럽고 두렵습니다.
불안과 염려가 제 마음을 꽉 채우고 있습니다.
주님을 향한 저의 사랑이
어쩌면 이리도 약하고 불완전한지요?
그 결과 제가 걱정으로 괴로워하고 있습니다.
저 스스로도 걱정할 게 무어냐고
애써 안심시켜 보았습니다.
하지만 그러한 안심은
아무런 도움도 되지 않는 것 같습니다.
오직 주님의 사랑 가득한 돌보심과 인도하심에
전적으로 의지해야 한다는 사실을
저는 너무나도 잘 알고 있습니다.
하지만 너무나도 초조한 나머지
도저히 그럴 수가 없습니다.
주님, 주님의 평화로 저를 어루만져 주옵소서.
뒤숭숭한 제 마음을 도우셔서,
주님이 하나님이심을 알게 하시고,
그 어떤 악한 세력도
두려워할 필요가 없음을 깨닫게 하옵소서.
예수 그리스도의 이름으로 기도드립니다.
아멘.

---

*또 제자들에게 이르시되 그러므로 내가 너희에게 이르노니 너희 목숨을 위하여 무엇을 먹을까 몸을 위하여 무엇을 입을까 염려하지 말라(눅 12:22); Jesus said to his disciples: I tell you not to worry about your life! Don't worry about having something to eat or wear.(Lk 12:22)

근심될 때 드리는 치유기도

황금날개
인도 기도서

사랑의 예수님,

암탉이 병아리를 날개로 품어

보호함 같이,

이 어두운 밤,

주님의 황금날개 그늘 아래

저를 품어 주옵소서.

감사하며, 예수님의 이름으로 기도드립니다.

아멘.

*너희는 마음에 근심하지 말라 하나님을 믿으니 또 나를 믿으라(요 14:1); Don't be worried! Have faith in God and have faith in me.(Jn 14:1)

> 염려될 때 드리는 치유기도

습관
노만 빈센트 필

하늘에 계신 우리 아버지,
제 마음을 두려움과 염려로부터
자유롭게 해주시니 감사합니다.
제가 염려하는 습관을
떨쳐버릴 수 있도록 힘을 주옵소서.
두려워하지 않도록 도와주시고,
공포와 맞서 싸워 물리치도록 하옵소서.
주님께서 항상 저와 함께 계심을 믿습니다.
우리 주 예수 그리스도의 이름으로 감사기도 드립니다.
아멘.

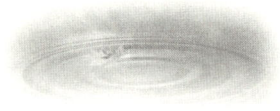

*너희 염려를 다 주께 맡기라 이는 그가 너희를 돌보심이라(벧전 5:7); God cares for you, so turn all your worries over to him.(1Pe 5:7)

> 당황스러울 때 드리는 치유기도

주님을 파트너로
노만 빈센트 필

하늘에 계신 우리 아버지,

제 마음을 주님께 맡길 수 있도록 도와주옵소서.

주님을 제 파트너로 모셔 들이게 하옵소서.

온갖 파괴적이고 부정적인 생각들은

제 마음에서 싹 지워주시고,

삶의 기쁨과 열광을 저에게 주옵소서.

이 세상을 살아가는 동안,

저를 기다리고 있는 모든 도전을

받아들일 수 있도록 도와주옵소서.

주님을 완전히 믿는 가운데,

제 길을 주님께 맡기옵니다.

우리 주 예수 그리스도의 이름으로 감사하며 기도드립니다.

아멘.

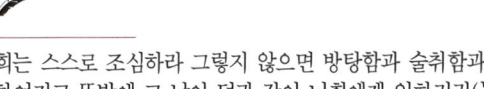

---

*너희는 스스로 조심하라 그렇지 않으면 방탕함과 술취함과 생활의 염려로 마음이 둔하여지고 뜻밖에 그 날이 덫과 같이 너희에게 임하리라(눅 21:34); Don't spend all of your time thinking about eating or drinking or worrying about life. If you do, the final day will suddenly catch you like a trap. That day will surprise everyone on earth.(Lk 21:34)

희망과 기적을 창조하는 이야기 치유기도

생의 가장 당혹스러운 순간
로버트 스트랜드

　지금은 고인이 된 목사이자 유머 작가였던 그래디 너트는, 어느 일요일 밤에 어떤 집에 식사 초대를 받아 갔던 얘기를 했습니다. 그 집의 주부는 완벽한 접대를 하려고 신경을 아주 많이 썼답니다. 그녀는 며칠 전부터 아이들에게 어떤 포크를 써야 하며, 그걸 언제 사용해야 하며, 내프킨은 어떻게 잡아야 하는지 등의 중요한 사항들을 연습시켰습니다.
　드디어 그날이 왔고 식사는 준비되었습니다. 그리고 정확히 정해진 시간에 모두 식당으로 초대되었지요. 식탁에는 하얀 실크 레이스 식탁보와 최고의 도자기, 은식기, 중앙 장식물, 촛불 등 모든 것이 반듯하게 차려져 있었습니다. 모두들 그 아름답고 정갈한 식탁에 앉았고, 그 집 가장이 감사 기도를 했습니다. 그런데 기도가 끝나자, 아홉 살 난 어린 딸이 얼음이 들어 있는 찻잔을 집으려다 그만 그 찻잔을 넘어뜨리고 말았습니다!
　남동생은 쏟아진 차가 흘러내리는 것을 피하려고 펄쩍 뛰었고, 그 바람에 그 아이의 찻잔도 넘어지고 말았습니다! 모두들 엄마의 눈치를 살폈고, 엄마의 실망한 모습을 보고는 어색한 침묵이 흘렀습니다. 그토록 그 식탁을 차리느라 애를 썼는데, 하얀 레이스 식탁보에 그만 큰 얼룩이 번지고 있었던 거지요.
　모두들 아무 말도 못하고 있을 때, 그 아버지가 찻잔을 톡 쳐서 넘어뜨렸습니다. 그리고 웃기 시작했지요. 목사도 눈치를 채고 찻잔을 넘어뜨리고 따라 웃었습니다. 목사의 아내도 찻잔을 넘어뜨리고 같이 웃었습니다. 그리고는 모두들 엄마를 쳐다보았지요. 마침내 엄마도 포기하고 찻잔을 들어 식탁 가운데로 던져버렸습니다. 식탁에 둘러앉은 모든 사람들이 웃음보를 터뜨렸습니다.

아버지는 바로 옆에 앉아 있는 아홉 살 난 딸을 내려다보고 윙크했습니다. 그러자 어리둥절해 있던 딸도 웃으면서 아빠를 올려다보고 윙크했습니다. 그러나 그 순간 아이의 뺨에는 눈물방울이 반짝이며 굴러 내리고 있었지요. 아이는 계속 아빠를 올려다보았습니다. 자신을 생의 가장 당혹스러운 순간으로부터 재치 있게 구해주신 자애로운 아버지를 거의 경외에 가까운 눈길로 쳐다보는 것이었습니다.

덧붙이자면…… 위기에서 구해 줄 수 있는 건 오직 사랑뿐입니다! 사랑은 다른 사람을 당황하게 하지 않지요. 배우자에게든 자식에게든 친구들에게든, 그 사람을 당황하게 하는 것은 더불어 살아가는 사람의 행동이 아닙니다! 다른 사람을 당황하게 하는 것은 아주 혼돈스런 신호를 보내는 것입니다. 사랑한다면 어떻게 당황하게 하겠습니까?

*사랑하는 자들아 하나님이 이같이 우리를 사랑하셨은즉 우리도 서로 사랑하는 것이 마땅하도다(요일 4:11); Dear friends, since God loved us this much, we must love each other.(1Jn 4:11)

당혹스러울 때 드리는 치유기도

주님의 생각
노만 빈센트 필

주님,
제 마음은 너무도 좁고,
주님의 마음은 너무도 크십니다.
제 마음이 주님의 마음속에서 쉬고 있습니다.
제 마음을 주님의 위대하신 생각들로 채워 주옵소서.
오직 주님께서 명하신 대로만
살고, 생각하고, 행동하길 원합니다.
제 마음에 영적인 통찰력과 진정한 지혜가
가득 차 흘러넘치게 하옵소서.
주님의 생각대로 제가 생각하게 하옵소서.
지금 이 문제에 대해서도 주님께서 인도해 주시며,
궁극적으로는 모든 문제들을
다 해결하여 주실 줄 믿습니다.
옳은 일을 행하는 데 결코 실수할 수 없다는 사실을
제가 깨달을 수 있도록 도와주옵소서.
예수님의 이름으로 기도드립니다.
아멘.

*하나님은 우리의 피난처시요 힘이시니 환난 중에 만날 큰 도움이시라.(시 46:1);
God is our mighty fortress, always ready to help in times of trouble.(Ps 46:1)

환난과 역경을 만났을 때 드리는 치유기도

생명선
바질 대제 (329-379)

오, 우리 주 하나님,
저희가 올바른 축복을
제대로 간구할 수 있게 가르쳐 주옵소서.
저희의 생명선을 하나님께로 인도하옵소서.
온갖 폭풍우에 흔들리는 영혼들을
잔잔한 안식처로 인도하옵소서.
저희가 가야 할 길을 밝히 보여주시고,
저희 안에 있는 자발적인 영혼을 새롭게 해주옵소서.
하나님의 성령님께서
제멋대로인 저희의 마음에 재갈을 물리시고,
저희에게 진정 선한 일들을 행할 수 있도록 인도하옵소서.
저희가 하나님의 율법을 지키고,
무슨 일을 하든지 언제나 영광스럽고 기쁨 주시는
하나님과 함께 할 수 있도록 도와주옵소서.
하나님의 종들이 드리는 영광과 찬미는
영원무궁토록 하나님의 것입니다.
예수님의 이름으로 기도드립니다.
아멘.

---

*여호와여 내가 주께 피하오니 나를 영원히 부끄럽게 하지 마시고 주의 공의로 나를 건지소서(시 31:1); I come to you, LORD, for protection. Don't let me be ashamed. Do as you have promised and rescue me.(Ps 31:1)

위기에 처했을 때 드리는 치유기도

어찌해야
노만 빈센트 필

주님,
제가 커다란 위기에 처했습니다.
이 순간 제가 내리는 결정이
제 삶 전체에 영향을 미칠 것입니다.
그 사실을 잘 알기 때문에 더더욱 긴장이 됩니다.
오 주님, 제가 어찌해야 할까요?
제가 올바르게, 정확하게 판단할 수 있도록 도와주옵소서.
오 주님, 제가 지금
당황하지 말아야 한다는 사실을 잘 압니다.
하지만 마음의 평화가 없다면
창조적인 생각을 할 수가 없습니다.
저의 마음을 차분하게 가라앉혀 주셔서,
이 위태로운 문제를 극복해 낼만한
생각과 통찰을 갖게 하옵소서.
이 모든 문제를 주님께 맡깁니다.
제가 해야 할 일을 보여주시고,
그 일을 행할 수 있는 방법을 가르쳐 주옵소서.
제가 주님의 대답을 들을 수 있게 도와주시고,
주님께서 대답하실 때

그것을 알아차릴 수 있도록 도와주옵소서.
그리고 무엇보다도,
주님께서 대답해 주시리라는 사실을
알 수 있도록 도와주옵소서.
주님은 위기의 하나님이십니다.
주님, 무한한 감사를 드립니다.
예수님의 이름으로 감사하며 기도드립니다.
아멘.

---

*나의 생명이 항상 위기에 있사오나 나는 주의 법을 잊지 아니하나이다(시 119:109); I never forget your teachings, although my life is always in danger.(Ps 119:109)

환난과 역경을 만났을 때 드리는 치유기도

어떤 위험에 처하더라도
Leonine Sacramentary

우리 주 하나님,
저희가 하나님께 간구합니다.
저희가 어떤 위험에 처하더라도
하나님의 이름을 부를 수 있게 하시고,
높은 곳으로부터 구원을 받았을 때에도
하나님을 향한 찬미를 그치지 않게 하옵소서.
우리 주 예수 그리스도의 이름으로 기도드립니다.
아멘.

*내게 귀를 기울여 속히 건지시고 내게 견고한 바위와 구원하는 산성이 되소서
(시 31:2); Listen to my prayer and hurry to save me. Be my mighty rock
and the fortress where I am safe.(Ps 31:2)

곤경에 처했을 때 드리는 치유기도

시련
지롤라모 사보나롤라 (1452-1498)

하늘에 계신 우리 아버지,

생명을 선물로 주셔서 감사합니다.

주님께서 저를 어루만지셔서

제가 건강과 온전함과

활기를 되찾게 하옵소서.

삶의 아름다움을 주신

주님께 찬미와 감사를 드립니다.

우리 주 예수 그리스도의 이름으로 기도드립니다.

아멘.

---

*이러므로 형제들아 우리가 모든 궁핍과 환난 가운데서 너희 믿음으로 말미암아 너희에게 위로를 받았노라(살전 3:7); My friends, even though we have a lot of trouble and suffering, your faith makes us feel better about you.(1 Th 3:7)

곤경에 처했을 때 드리는 치유기도

바다는 넓은데
브레톤의 한 어부

하나님,
바다는 너무나 넓은데,
제 배는 너무도 작습니다.
저에게 선을 베풀어 주옵소서.
예수님의 이름으로 기도드립니다.
아멘.

*이는 많은 사람을 고치셨으므로 병으로 고생하는 자들이 예수를 만지고자 하여 몰려왔음이더라(막 3:10); After Jesus had healed many people, the other sick people begged him to let them touch him.(Mk 3:10)

> 곤경에 처했을 때 드리는 치유기도

끝까지 달려가겠습니다
새뮤얼 존슨 (1709-1784)

전능하시고
그 누구보다도 자애로우신 하나님,
인류를 창조하시고 지켜주시는 하나님,
저의 고난과 질병을 불쌍하게 여겨 주옵소서.
저의 몸을 치료하시고,
저의 마음을 강하게 하옵소서.
흐트러진 제 마음을 가라앉혀 주시고,
불안한 제 마음을 고요케 하옵소서.
또한 제 두려움도 제거해 주옵소서.
하나님을 기쁘시게 해드리기 위해서라면,
평화와 인내와 끈기와 신뢰로,
제 앞에 펼쳐진 경기장을 끝까지 달려가겠습니다.
오 주님, 이 기도를 들어주시고,
저에게서 주님의 성령을 빼앗아가지 마옵소서.
우리 주 예수 그리스도의 이름으로,
저를 용서하시고 축복하옵소서.
예수님의 이름으로 기도드립니다. 아멘.

---

*내 아버지여 만일 할 만하시거든 이 잔을 내게서 지나가게 하옵소서 그러나 나의 원대로 마시옵고 아버지의 원대로 하옵소서(마 26:39); My Father, if it is possible, don't make me suffer by having me drink from this cup. But do what you want, and not what I want.(Mt 26:39)

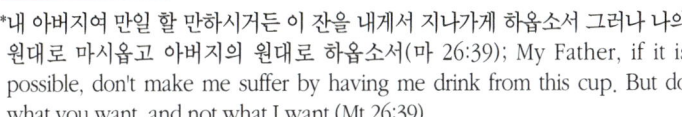

> 곤경에 처했을 때 드리는 치유기도

쾌활한 영
존 베일리 (1762-1851)

저의 선조들이
혼란에 빠지지 않고
끝까지 믿었던 하나님,
온갖 헛된 걱정과 소심한 두려움을
제게서 가져가 주옵소서.
제가 하나님의 뜻을 행할 때에,
명랑하고 쾌활한 영을 주시고,
평화를 주옵소서.
예수 그리스도의 이름으로 기도드립니다.
아멘.

*내가 환난 중에서 여호와께 아뢰며 나의 하나님께 아뢰었더니 그가 그의 성전에서 내 소리를 들으심이여 나의 부르짖음이 그의 귀에 들렸도다(삼하 22:7); I was in terrible trouble when I called out to you, but from your temple you heard me and answered my prayer.(2 Sa 22:7)

고경에 처했을 때 드리는 치유기도

심약함
디트리히 본회퍼 (1906-1945)

오 성령님,

절망과 정욕과 죄악으로부터

저를 지킬 수 있는 믿음을 제게 주옵소서.

하나님과 이웃을 향한 사랑을 제게 주셔서,

온갖 증오와 냉소를 지워 버리게 하옵소서.

저에게 희망을 주셔서,

두려움과 심약함으로부터

저를 구하옵소서.

예수님의 이름으로 기도드립니다.

아멘.

---

*제자들의 마음을 굳게 하여 이 믿음에 머물러 있으라 권하고 또 우리가 하나님의 나라에 들어가려면 많은 환난을 겪어야 할 것이라 하고(행 14:22); They encouraged the followers and begged them to remain faithful. They told them, "We have to suffer a lot before we can get into God's kingdom."(Ac 14:22)

마음에 깊은 상처를 입었을 때 드리는 치유기도

약함의 깊이
페넬론 (1651-1715)

오 나의 하나님,
하나님만이 저의 약함의 깊이를 살피시고,
하나님만이 저를 치유하실 수 있습니다.
저의 두 눈을 전지전능하신 성부 하나님께,
그리고 용기 있는 고난 속에서
저의 모본이 되신
하나님의 성자께 돌릴 수 있도록 해주옵소서.
그분께서 십자가에 못 박히셨기에,
저는 고난이 축복으로 바뀔 수 있음을 알게 되었습니다.
주 예수 그리스도여,
주님은 살아 있는 이들을 위한
건강의 유일한 근원이십니다.
치유하시는 손길로 도와주옵소서.
예수님의 이름으로 기도드립니다.
아멘.

*아무것도 염려하지 말고 다만 모든 일에 기도와 간구로, 너희 구할 것을 감사함으로 하나님께 아뢰라 그리하면 모든 지각에 뛰어난 하나님의 평강이 그리스도 예수 안에서 너희 마음과 생각을 지키시리라(빌 4:6-7); Don't worry about anything, but pray about everything. With thankful hearts offer up your prayers and requests to God. Then, because you belong to Christ Jesus, God will bless you with peace that no one can completely understand. And this peace will control the way you think and feel.(Phb 4:6-7)

> 마음에 평화가 없을 때 드리는 치유기도

마음의 파도
죄렌 키에르케고르 (1813-1855)

주님,
이 마음의 파도를 잔잔하게 하옵소서.
이 폭풍을 진압하옵소서.
오, 내 영혼아!
주님께서 네 안에 역사하도록 잠잠하여라.
오, 내 영혼아!
주님께서 네 안에 쉬시도록
그분의 평화가 덮기까지 잠잠하여라.
하늘에 계신 아버지,
세상은 평화를 줄 수 없음을 번번이 깨닫습니다.
진정한 평화는 주님께만 있음을 알게 하옵소서.
세상이 온통 힘을 합쳐도
이 평화를 빼앗아 갈 수 없을 것이라는
주님의 약속이 진실이심을 알게 하옵소서.
예수님의 이름으로 기도드립니다.
아멘.

*평안을 너희에게 끼치노니 곧 나의 평안을 너희에게 주노라 내가 너희에게 주는 것은 세상이 주는 것과 같지 아니하니라 너희는 마음에 근심하지도 말고 두려워하지도 말라.(요 14:27); I give you peace, the kind of peace that only I can give. It isn't like the peace that this world can give. So don't be worried or afraid.(Jn 14:27)

너무 바쁠 때 드리는 치유기도

일, 일, 일
스탠리 하우어워스

주님,
너무 바쁩니다.
일, 일, 일, 그냥 너무 바쁩니다!
너무 많은 사람들,
너무 많은 질문들,
너무 많은 업무들.
내면세계의 공허함을 달래기라도 하듯
바쁘게 살기로 선택하였음을
고백하지 않을 수 없습니다.
이렇게 바쁜데 어찌 쉼을 누릴 수 있겠습니까?
이렇게 바쁜데 어찌 주님을 예배할 수 있겠습니까?
주님을 섬길 시간을 내도록
제 삶 속에 주님을 위한 공간을 창조하여 주옵소서.
기도를 통하여 쉼을 얻도록 강권하여 주옵소서.
그래야 저희의 모든 사랑과 두려움이
주님 안에서 온전해질 것입니다.
저희가 깨닫게 하옵소서.
저희에게 진정 필요한 것은 안식이며
저희가 진정 드려야 할 것은 예배라는 것을.

그것이 선행되어야
분주한 일상이 참 봉사가 된다는 것을.
끝으로 가장 중요한 부탁을 드리오니,
저희를 거짓된 야망에서 구원해 주옵소서.
예수님의 이름으로 기도드립니다.
아멘.

*주께서 대답하여 이르시되 마르다야 마르다야 네가 많은 일로 염려하고 근심하나 몇 가지만 하든지 혹은 한 가지만이라도 족하니라 마리아는 이 좋은 편을 택하였으니 빼앗기지 아니하리라 하시니라(눅 10:41-42); The Lord answered, "Martha, Martha! You are worried and upset about so many things, but only one thing is necessary. Mary has chosen what is best, and it will not be taken away from her,"(Lk 10:41-42)

> 희망과 기적을 창조하는 이야기 치유기도

하나님께서도 들어가실 수 없었다
로버트 스트랜드

몸집이 작고 나이 많은 청소부 아줌마가 있었습니다. 검소하고 단정했지만 수입이 적어서 '빈민촌'에 살아야만 했지요. 그녀는 화려한 '상류' 교회의 교인이 되려고 했습니다. 하지만 그 교회의 목사는 주택가에 사는 부유한 교인들 옆에 빛바랜 구식 옷을 입은 누추한 여자가 앉는 것이 내키지 않았습니다.

그녀는 일 년이 넘도록 그 교회의 교인이 되고자 했습니다. 그녀는 끈질기게 노력했지요. 그리하여 그녀는 교회 등록 문제를 논의하기 위한 약속을 정하려고 전화했습니다. 이번이 벌써 일곱 번째였지요. 목사는 이번에도 약속을 미루려고 했습니다. "어떻게 하셔야 할지를 말씀드리죠." 목사는 가장 경건한 목소리로 말했습니다. "부인께선 오늘밤 집으로 돌아가 이 문제에 대하여 하나님과 대화를 나눠 보세요. 진심으로 기도하세요. 그런 뒤 하나님께서 부인이 이 교회에 등록하는 것에 대하여 뭐라고 하셨는지 말해 주시죠."

여러 주가 흐르고 또 몇 달이 지났습니다. 그 동안 목사는 그녀를 한 번도 만나지 않았습니다. 그녀는 더 이상 약속을 하려고도 하지 않았지요. 그러자 목사는 다소 양심의 가책을 느꼈습니다. 그러던 어느 날, 그는 시내에 약속이 있어서 나갔다가 그 약속 장소에서 그녀를 보았습니다. 그녀는 유니폼을 입고 그 빌딩의 현관 바닥을 닦고 있었지요.

그는 그녀를 알아보고는, 적어도 이전에 그녀에게 제안했던 문제에 대하여 물어보기라도 해야겠다는 생각에, 가던 길을 멈췄습니다.

"페티본 부인, 저희 교회 교인이 되는 문제에 대하여 하나님과 이야기를 좀 나눠 보셨나요?"

"어쩌나, 제가 잊어버리고 있었군요!" 하고 그녀가 대답했습니다.

"그래요, 목사님이 제안하신 대로 하나님과 이야기했어요."

"아…… 하나님께선 뭐라고 하시던가요?"

"글쎄요, 목사님……." 그녀는 말없이 두 갈래의 숱 없는 머리를 노동으로 무뎌진 손으로 쓸어 넘기고는, 엉덩이에 손을 얹고 말했습니다. "하나님께서는 낙담하지 말라고 하시면서 계속 교인이 되려고 애써 보라 하셨지요. 그리고 하나님 당신조차도 20년이 넘도록 목사님의 교회로 들어가려고 노력했지만 성공하시지 못했답니다……."

오…… 오…… 리버 시티의 대란이여! 정직한 일격입니다! 와우! 여러분의 교회는 어떤가요? 혹시 하나님께서 밖에서 들여다보고만 계신 건 아닌가요? 그리고 더욱 중요하다고 할 수 있는 여러분 자신과 여러분의 삶은 어떤가요? 하나님이 집 안에 계신가요, 아니면 아직도 밖에 계시면서 안으로 들어오시려고 애쓰고 계신가요?

당장의 일에 급급한 인생살이에 우리는 너무나 쉽게 진실로 중요한 것을 잊어버리곤 합니다. 우리는 '종교적인 업무'로, '교회 일'로 너무 바쁩니다. 하지만 그 바쁜 일들 가운데 주님은 어디에 계신가요? 밖인가 안인가요? 너무나 많은 사람들이 하나님을 주일용으로만 섬기고 있습니다. 물론 하나님의 집으로 가는 것은 좋은 일이지요…. 그러나 하나님을 집으로 모시게 되면 너무 가까워지니까 많은 사람들이 꺼려합니다. 그분이 함께 하시면 우리의 생활 방식이 속박당할 것이기 때문이라니요, 참!

*볼지어다 내가 문 밖에 서서 두드리노니 누구든지 내 음성을 듣고 문을 열면 내가 그에게로 들어가 그와 더불어 먹고 그는 나와 더불어 먹으리라(계 3:20); Listen! I am standing and knocking at your door. If you hear my voice and open the door, I will come in and we will eat together.(Rev 3:20)

> 기도하고 싶은데 잘 안 될 때 드리는 치유기도

성령의 탄식
신현복

전능하신 하나님,
성령을 저에게 보내 주시어,
저의 약함을 도와주시니 감사합니다.
저는 어떻게 기도해야 할 것도 알지 못하지만,
성령께서 친히 이루 다 말할 수 없는 탄식으로,
저를 대신하여 간구하여 주시니 감사합니다.
사람의 마음을 꿰뚫어 보시는 하나님,
하나님께서는 성령의 생각이 어떠한지를 아시지요?
성령께서, 하나님의 뜻을 따라,
성도를 대신하여 간구하심을 아시지요?
저는 하나님을 사랑하는 사람들,
곧 하나님의 뜻대로 부르심을 받은 사람들에게는,
모든 일이 서로 협력해서
선을 이룬다는 것을 믿습니다.
예수님의 이름으로 기도드립니다.
아멘.

*너희가 내 이름으로 무엇을 구하든지 내가 행하리니 이는 아버지로 하여금 아들로 말미암아 영광을 받으시게 하려 함이라 내 이름으로 무엇이든지 내게 구하면 내가 행하리라(요 14:13-14); Ask me, and I will do whatever you ask. This way the Son will bring honor to the Father. I will do whatever you ask me to do.(Jn 14:13-14)

사랑이 식어갈 때 드리는 치유기도

평화의 도구
토마스 아 켐피스 (1379-1471)

주님,
저를 평화의 도구로 써 주옵소서.
미움이 있는 곳에 사랑을,
상처가 있는 곳에 용서를,
분열이 있는 곳에 일치를,
의혹이 있는 곳에 믿음을,
오류가 있는 곳에 진리를,
절망이 있는 곳에 희망을,
어둠이 있는 곳에 광명을,
슬픔이 있는 곳에 기쁨을 심게 해주옵소서.
위로 받기보다는 위로하며,
이해 받기보다는 이해하며,
사랑 받기보다는 사랑하며,
자기를 온전히 줌으로써 영생을 얻게 해주옵소서.
주님, 저를 평화의 도구로 써 주옵소서.
예수님의 이름으로 기도드립니다. 아멘.

*내가 네 갈 길을 가르쳐 보이고 너를 주목하여 훈계하리로다(시 32:8); I will point out the road that you should follow. I will be your teacher and watch over you.(Ps 32:8)

누군가가 그리울 때 드리는 치유기도

사랑하기에 적합한
신현복

주님,
제 영혼을 사랑하시는 거룩한 분이시여,
주님께서 제 안으로 들어오실 때
제 안에 있는 것들이 모두 다 기뻐 뜁니다.
주님은 저의 영광이시오,
제 마음의 기쁨이십니다.
주님은 저의 희망이시오,
환란 날에 피할 피난처이십니다.
비오니, 온갖 악한 감정들로부터
저를 해방시키시고,
좋지 않은 감정들로부터
제 마음을 치유하여 주옵소서.
저의 속사람이 치유함을 받고 정결하게 되어
사랑하기에 적합한 이가 되게 하옵소서.
고난을 용감하게 뚫게 나아가게 하시며,
끝까지 참아내게 하옵소서.
사랑보다 더 달콤한 것은 없으며,
사랑보다 더 용감한 것도 없습니다.
하늘과 땅을 통틀어
사랑보다 더 충만하고 좋은 것도 없습니다.

사랑은 하나님께로부터 나오는 것이기 때문입니다.
하나님 외에 그 어떤 피조물도,
그 어느 곳에서도
머물 수 없는 것이기 때문입니다.
비오니, 제가 하나님을 저 자신보다
더 사랑하게 하옵소서.
제가 아니라 오직 하나님만 사랑하게 하옵소서.
사랑의 계명에 따라
하나님을 진정 사랑하는 모든 이를
하나님 안에서 진정 사랑하게 하옵소서.
예수님의 이름으로 기도드립니다.
아멘.

---

*사랑하는 자들아 우리가 서로 사랑하자 사랑은 하나님께 속한 것이니 사랑하는 자마다 하나님으로부터 나서 하나님을 알고 사랑하지 아니하는 자는 하나님을 알지 못하나니 이는 하나님은 사랑이심이라(요일 4:7-8); My dear friends, we must love each other. Love comes from God, and when we love each other, it shows that we have been given new life. We are now God's children, and we know him. God is love, and anyone who doesn't love others has never known him.(1Jn 4:7-8)

하나님의 뜻이 어디에 있는지 답답할 때 드리는 치유기도

거룩한 기다림
아시시의 성 프란체스코 (1182-1226)

사랑하는 하나님,
제가 ○ ○ ○ 를 그리워하오니,
저희가 떨어져 있는 동안
　○ ○ 를 하나님의 친절하신 돌봄에 맡겨 드립니다.
저희의 이별이 하나님의 은혜로 인도되는
거룩한 기다림의 시간이 되게 해주옵소서.
저희의 삶이 새로운 경험들,
다른 사람들, 그리고 간단한 변화에 접할 때,
저희 영혼의 눈이 하나님의 신실한 지혜 위에
놓일 수 있도록 해주옵소서.
저희의 기다리는 시간을 위로해 주시고,
저희가 서로의 삶의 일부이기 때문에
저희 둘 안에 새벽을 넓히고
황혼을 기뻐할 수 있는 마음을 허락해 주옵소서.
저희는 흥분 속에서 다시 만날 날을 고대하며,
그것이 하나님의 시간과
하나님의 계획 속에서 일어날 것을 믿습니다.
예수님의 이름으로 기도드립니다.
아멘.

---

*새 계명을 너희에게 주노니 서로 사랑하라 내가 너희를 사랑한 것 같이 너희도 서로 사랑하라(요 13:34); But I am giving you a new command. You must love each other, just as I have loved you.(Jn 13:34)

두려울 때 드리는 치유기도

마음의 향기
아카누 이바임, 나이제리아

주님,
주님께 간구하오니,
미래에 대한 불안에서 저를 구해 주옵소서.
실패에 대한 두려움,
가난에 대한 두려움,
사랑하는 사람을 잃을지도 모른다는 두려움,
외로움에 대한 두려움,
질병에 대한 두려움,
나이 들어가는 것에 대한 두려움,
전쟁에 대한 두려움,
사망에 대한 두려움에서 저를 구원해 주옵소서.
하나님, 은혜로 저를 도우시어,
하나님만을 사랑하고 경외하게 하시며,
제 마음에 아름다운 향기와
하나님에 대한 사랑의 신뢰를 채워 주옵소서.
우리 주 예수 그리스도의 이름으로 기도드립니다.
아멘.

*내가 네게 명령한 것이 아니냐 강하고 담대하라 두려워하지 말며 놀라지 말라 네가 어디로 가든지 네 하나님 여호와가 너와 함께 하느니라(수 1:9); I've commanded you to be strong and brave. Don't ever be afraid or discouraged! I am the LORD your God, and I will be there to help you wherever you go.(Jos 1:9)

근거 없는 말로 모함을 받았을 때 드리는 치유기도

참을 수가 없습니다
마르틴 루터 (1483-1546)

주님,
나의 주 예수 그리스도시여,
사람들이 근거 없는 말로
저에게 상처를 주고 명예를 더럽힙니다.
저의 권리를 손상시킵니다.
저는 참을 수가 없습니다.
그들을 대면하고 싶지가 않습니다.
오 주님, 저의 기도를 들어 주옵소서.
마음으로는 기꺼이
이웃들에게 친절을 베풀기 원하지만,
실제로는 그러지 못합니다.
제가 얼마나 냉정하고 마음이 굳어 있는지요!
오 주님, 저는 무력하고 외롭습니다.
주님께서 저를 바꾸시면 제가 진실해질 것입니다.
오 사랑의 주님,
주님의 은혜로 저를 고쳐 주옵소서.
그렇지 않으면 이 상태로 살아가야 합니다.
도우시는 우리 주 예수 그리스도의 이름으로 기도드립니다.
아멘.

*여자들도 이와 같이 정숙하고 모함하지 아니하며 절제하며 모든 일에 충성된 자라야 할 지니라(딤전 3:11); Women must also be serious. They must not gossip or be heavy drinkers, and they must be faithful in everything they do.(1Ti 3:11)

멸시를 받았을 때 드리는 치유기도

이제야 내가
존 웨슬리 (1703-1791)

오 주님,
멸시를 받고 거부당하신 고난의 종이시여,
제가 친구들에게 모욕을 당하거나
윗사람들에게 무시를 당하거나
동료들에게 비웃음을 사거나
아랫사람들에게 수치스러운 대접을 받을 때,
아버지의 거룩한 순교자
예수 그리스도와 함께 이렇게 외치게 하옵소서.
"이제야 내가 그리스도의 제자가 되기 시작하는 도다!"
그러고 나서, 제가 제자로서
성장하도록 돕는 갖가지 은혜의 도구들을
아버지의 온유하고 겸손하신 성령 안에서
감사히 받아들이고
신실히 사용하게 하옵소서.
예수님의 이름으로 기도드립니다.
아멘.

*그는 멸시를 받아 사람들에게 버림 받았으며 간고를 많이 겪었으며 질고를 아는 자라 마치 사람들이 그에게서 얼굴을 가리는 것 같이 멸시를 당하였고 우리도 그를 귀히 여기지 아니하였도다(사 53:3); He was hated and rejected; his life was filled with sorrow and terrible suffering. No one wanted to look at him. We despised him and said, "He is a nobody!"(Isa 53:3)

> 희망과 기적을 창조하는 이야기 치유기도

기도하는 손
로버트 스트랜드

'기도하는 손'이라는 유명한 그림은 헝가리 금 세공인의 아들인 알베르히트 뒤러의 작품입니다. 그는 1471년 독일에서 태어나 1528년에 죽었습니다. 대부분의 천재들 경우가 그러하듯, 이 예술가에 대한 이야기도 사실과 허구가 엮여서 오늘 우리가 알고 있는 전설이 되었지요. 그와 방을 함께 썼던 친구를 비롯하여 그를 알았던 사람들은 그를 알베르트라 불렀습니다. 알베르트가 미술 공부를 할 때의 이야기입니다.

알베르트는 친구 한 명과 같은 집에 살았습니다. 하지만 두 사람은 미술 공부를 하면서 부업으로 돈을 약간씩 벌었는데, 그걸로는 방세와 식비, 옷값 등 생계를 꾸려가기가 힘들었습니다. 그래서 알베르트는 한 가지 제안을 했지요. 친구가 공부를 마칠 때까지는 자신이 일을 해서 두 사람에게 필요한 돈을 벌고, 친구가 공부를 마쳤을 때에는 친구가 일을 해서 뒤러가 공부를 마칠 수 있도록 지원해 주는 것이 어떠냐는 것이었습니다. 그 친구는 그 제안에 기꺼이 찬성했으나, 자기가 먼저 일하고 뒤러는 공부를 계속하라고 고집하였습니다.

계획은 실행되었고 머지않아 뒤러는 숙련된 화가이자 조각가가 되었지요. 그래서 알베르트는 어느 날 집으로 돌아 와서 이제 자신이 친구가 미술 공부를 할 수 있게 생계를 책임질 차례가 되었다고 선언했습니다. 그러나 힘든 노동 덕분에 친구의 손은 너무나 많이 상해서 더 이상 붓을 잡고 좋은 솜씨로 그림을 그릴 수가 없었습니다. 예술가로서 그의 길은 끝난 것이지요. 알베르트는 친구가 겪고 있는 절망에 몹시 슬퍼했습니다.

  그러던 어느 날, 알베르트가 집으로 돌아왔을 때 친구의 기도 소리를 듣게 되었고 경건한 기도를 올리고 있는 그의 손을 보게 되었습니다. 그 순간 알베르트는 친구의 '기도하는 손'을 그리고 싶은 영감을 받았지요. 친구의 잃어버린 감각은 비록 되찾을 수 없겠지만, 그림 속에서 그리고 그림을 통해서 친구가 자기를 위하여 행한 자기희생적인 노동에 대한 존경과 사랑을 표현할 수 있을 것이라고 느꼈습니다. 또한 다른 모든 사람들이 이런 그림을 통해서 누군가의 희생과 나눔을 입은 사람들에게 감사하는 마음을 가질 수 있으리라는 생각도 했구요.

---

  *너희가 서로 사랑하면 이로써 모든 사람이 너희가 내 제자인 줄 알리라(요 13:35); If you love each other, everyone will know that you are my disciples.(Jn 13:35)

> 화가 날 때 드리는 치유기도

생각할수록 괘씸해집니다
신현복

사랑하는 주님,
제 마음이 왜 이럴까요?
이러면 안 되는데 싶으면서도
도무지 참을 수가 없습니다.
왜 저 사람이 나한테 이러는가
생각하면 할수록 괘씸해집니다.
분통이 터지고 잠도 오지 않습니다.
밥맛도 없고 도무지 일이 손에 잡히지 않습니다.
주님, 저를 굽어 살펴 주옵소서.
제 마음을 어루만져 주옵소서.
저는 할 수 없으나 주님은 하실 수 있사오니,
부디 제가 마음의 평정을 찾게 해주옵소서.
저는 분노라는 단어가 오히려 나에게 상처를 입혀,
이 감정을 붙잡고 있을수록
고통스러워질 뿐임을 잘 알고 있습니다.
사랑하는 주님,
이제 그/그녀를 위해서,
그리고 나아가 저를 위해서

용서라는 단어를 떠올리게 해주옵소서.
제가 남을 용서하기 전에
주님이 저를 용서하신 것을 기억하게 해주옵소서.
하찮은 것들에 더 이상 맘 쓰지 않게 해주옵소서.
도우시어, 용서하고 잊어버리게 해주옵소서.
마음이 고요해짐으로
만물이 새로워짐을 느끼게 해주옵소서.
주님의 은총을 기다리며,
우리 주 예수 그리스도의 이름으로 기도드립니다.
아멘.

*분을 내어도 죄를 짓지 말며 해가 지도록 분을 품지 말고 마귀에게 틈을 주지 말라(엡 4:26-27); Don't get so angry that you sin. Don't go to bed angry and don't give the devil a chance. (Eph 4:26-27)

기분이 몹시 언짢을 때 드리는 치유기도

어찌하여 그리 소란스러우냐
조지 애플턴 (1902-)

오 나의 주님,
우울하고, 불안하고,
화가 머리끝까지
치밀어 오르는 기분이 저를 사로잡을 때,
이렇게 묻게 해주옵소서.
"오 나의 영혼아,
너는 어찌하여 그리 무거우며,
너는 어찌하여 내 안에서 그리 소란스러우냐?'
대답을 주시어 내 기분의 원인을 깨닫고
그것을 쫓아내게 하시어,
제가 제 상처를 용서하고
주님만을 바라게 해주옵소서.
예수 그리스도의 이름으로 기도드립니다.
아멘.

*서서 기도할 때에 아무에게나 혐의가 있거든 용서하라 그리하여야 하늘에 계신 너희 아버지께서도 너희 허물을 사하여 주시리라(막 11:25); Whenever you stand up to pray, you must forgive what others have done to you. Then your Father in heaven will forgive your sins.(Mk 11:25)

> 스트레스를 받을 때 드리는 치유기도

내 마음의 부싯돌
리볼크스의 앨뢰드

주님,
낮이 기울어 밤이 되듯이,
종종 즐거움도 잠깐 지난 뒤,
제 마음은 기울어 우울해집니다.
모든 것이 재미없어 보이고,
모든 행동이 짐처럼 느껴집니다.
사람들이 웅성대나 듣고 싶지도 않고,
사람들이 노크하나 들리지 않습니다.
제 마음은 부싯돌처럼 단단합니다.
그럴 때면 저는 들로 나가 명상을 하고,
성경을 읽는가 하면,
주님께 드리는 편지에
저의 심층적인 생각을 적어 봅니다.
사랑의 주님,
그러면 갑자기 주님의 은혜가,
광명 속에서 어둠을 깨트리고,
짐을 들어올리며,
긴장을 누그러뜨립니다.
곧 한숨이 변하여 눈물이 되고,
그 눈물바다에서
하늘의 기쁨이 저를 뒤덮습니다.
할렐루야!
감사하며, 예수님의 이름으로 기도드립니다. 아멘.

*그가 나를 푸른 풀밭에 누이시며 쉴 만한 물 가로 인도하시는도다 내 영혼을 소생시키시고 자기 이름을 위하여 의의 길로 인도하시는도다(시 23:2-3); You let me rest in fields of green grass. You lead me to streams of peaceful water, and you refresh my life. You are true to your name, and you lead me along the right paths.(Ps 23:2-3)

스트레스를 받았을 때 드리는 치유기도

주님은 가까이
After Margery Kempe, 15세기

예수님,
저희가 스트레스를 받을 때마다
주님께서는 언제나 저희 가까이 계십니다.
저희가 주님의 존재를 느낄 수 없을 때에도
주님은 저희 가까이 계십니다.
주님께서는 저희를 도우시고 지켜 주시려고
언제나 그곳에 계십니다.
하늘과 땅의 그 무엇도
저희를 주님으로부터 갈라놓을 수 없습니다.
감사하며, 예수님의 이름으로 기도드립니다.
아멘.

*여호와는 나의 목자시니 내게 부족함이 없으리로다(시 23:1); You, LORD, are my shepherd, I will never be in need.(Ps 23:1)

고요함을 누리고 싶을 때 드리는 치유기도

고요함의 축복
노만 빈센트 필

주님,

주님의 마음은 평화로 가득 차 있습니다.

제 안에도 주님의 평화가 임할 수 있음을 믿습니다.

주님의 고요함이

이제 제 마음속으로 들어오고 있습니다.

이제 주님의 치유와 평화가

제 안에 들어왔음을 믿습니다.

이 창조적인 고요함의 축복을 부어주신

주님께 감사를 드립니다.

예수님의 이름으로 감사하며 기도드립니다.

아멘.

*새벽 아직도 밝기 전에 예수께서 일어나 나가 한적한 곳으로 가사 거기서 기도하시더니(막 1:35); Very early the next morning, Jesus got up and went to a place where he could be alone and pray.(Mk 1:35)

침묵을 지키고 싶을 때 드리는 치유기도

이슬방울
존 그린리프 위티어

주님,
고요함이라고 하는
주님의 잔잔한
이슬방울을 떨어뜨려 주옵소서.
저희의 투쟁이 모두 그칠 때까지
저희 영혼에게서
긴장과 스트레스를 씻어내 주옵소서.
그리하여 정돈된 저희의 삶이
주님의 아름다운 평화를
고백하게 하옵소서.
예수님의 이름으로 감사하며 기도드립니다.
아멘.

*예수께서 깨어 바람을 꾸짖으시며 바다더러 이르시되 잠잠하라 고요하라 하시니 바람이 그치고 아주 잔잔하여지더라(막 4:39); Jesus got up and ordered the wind and the waves to be quiet. The wind stopped, and everything was calm.(Mk 4:39)

쉼이 없을 때 드리는 치유기도

쉼
어거스틴 (354-430)

주님,

주님은 늘 일하시며

늘 쉬십니다.

주님께서 보시고 일하시고 쉬시는 것은

시간 안에서 일어나는 일이 아닙니다.

허나 주님의 행동은

시간 안에 변화를 일으키고

시간 자체를 만들어 내며

시간 밖에 있는 쉼을

시간 안에서 누리도록 하십니다.

감사드리며 예수님의 이름으로 기도드립니다.

아멘.

*이미 그의 안식에 들어간 자는 하나님이 자기의 일을 쉬심과 같이 그도 자기의 일을 쉬느니라(히 4:10); On that day God's people will rest from their work, just as God rested from his work.(Heb 4:10)

희망과 기적을 창조하는 이야기 치유기도

저 여기 있어요!
로버트 스트랜드

　로저스 가족은 결속력이 강한 독실한 크리스천 가족이었습니다. 아버지는 자녀들의 영적 상태에 대하여 특별히 관심이 많아 아이들이 구원을 확신하고 있는지 알아보려고 자주 퀴즈를 내곤 했지요. 때때로 아이들이 예수 그리스도와 어떤 관계를 맺고 있는지에 대하여 아이들 입으로 직접 이야기하도록 하곤 했습니다.

　하루는 영생에 대하여 어떻게 생각하는지 여섯 살 박이 지미가 말할 차례가 되었지요. 지미는 나름대로 자신의 관점에서 설명했습니다. "제 생각에는 천국에서 이런 일이 일어날 것 같아요. 하루는 우리 모두 천국에 갔어요. 큰 천사가 커다란 책에서 천국에 있게 될 사람들의 이름을 부를 차례가 되었지요. 천사는 로저스 가족에게 와서 '아빠 로저스?' 하고 불러요. 그러면 아빠는 '여기요!' 하겠지요. 그 다음에 천사는 '엄마 로저스?' 해요, 엄마는 '여기요!' 하지요. 이제 천사는 내려와서 '수지 로저스?' 또 '마비스 로저스' 해요, 그러면 둘 다 '여기요!' 하고 대답해요."

　아이는 잠시 멈춰 숨을 깊이 한 번 들이마시고는 계속했습니다. "그리고 마지막으로 그 큰 천사는 제 이름을 불러요. '지미 로저스?' 전 작아서 천사가 빼먹을 지도 모르니까, 천사한테 내가 있다는 것을 확실히 알리려고 깡충 뛰어서 진짜 큰 소리로 대답해요. '여기요!'"

　이로부터 며칠 지나지 않아 교통사고가 있었습니다. 지미가 스쿨버스를 타러 가는 길에, 어떤 차가 어린 지미를 치었던 겁니다. 아이는 구급차에 실려 급히 병원으로 갔고, 가족 모두가 달려왔습니다. 그러나 아이는 위독한 상태였어요.

그 작은 가족은 다같이 이제 움직이지도 않고 의식도 없고 회복의 기미도 없는 어린 지미를 둘러싸고 있었습니다. 의사들은 이미 가능한 모든 노력을 다 해본 상태였지요. 그러나 애석하게도 지미는 아침이 되기 전에 하늘나라로 떠날 것 같았습니다.

가족들은 기도하며 기다렸습니다. 밤이 깊었을 때 아이가 약간 움직이는 듯했습니다. 모두 가까이 다가갔지요. 아이의 입술이 조금씩 움찔하는 것이 보였습니다. 아이가 생을 마치기 전에 한 말은 단 한마디였습니다. 하지만 그 말은 뒤에 남아 슬퍼하는 가족들에게 얼마나 큰 위로와 희망을 주었던지요. 어린 소년의 목소리는 분명했습니다. 모두가 알아들을 수 있을 만큼 충분히 크고 분명했지요. "여기요!" 그리고는 이 세상을 뒤로 하고, 커다란 천사가 명부에 적힌 이름을 부르고 있는 새로운 세상으로 갔습니다.

말해 보게나, 친구여. 자네 이름도 거기 적혀 있는지.

---

*이기는 자는 이와 같이 흰 옷을 입을 것이요 내가 그 이름을 생명책에서 결코 지우지 아니하고 그 이름을 내 아버지 앞과 그의 천사들 앞에서 시인하리라(계 3:5); Everyone who wins the victory will wear white clothes. Their names will not be erased from the book of life, and I will tell my Father and his angels that they are my followers.(Rev 3:5)

피곤할 때 드리는 치유기도

품
신현복

주님,
곤하고 지친 이 몸,
주님의 날개 아래 깃들고 싶습니다.
"수고하고 무거운 짐진 이들아,
다 내게로 오라.
내가 너희를 쉬게 하리라.
나는 마음이 온유하고 겸손하니,
나의 멍에를 메고 내게 배우라.
그러면 너희 마음이 쉼을 얻으리니,
이는 내 멍에는 쉽고 내 짐은 가벼움이라."
주님, 곤하고 지친 이 몸,
주님의 품 안에 안기고 싶습니다.
우리 주 예수 그리스도의 이름으로 기도드립니다.
아멘.

*오직 여호와를 앙망하는 자는 새 힘을 얻으리니 독수리가 날개 치며 올라감 같을 것이요 달음박질하여도 곤비하지 아니하겠고 걸어가도 피곤하지 아니하리로다 (사 40:31); But those who trust the LORD will find new strength. They will be strong like eagles soaring upward on wings; they will walk and run without getting tired.(Isa 40:31)

지쳤을 때 드리는 치유기도

삶
노만 빈센트 필

하늘에 계신 우리 아버지,

제 마음에서 온갖 혼란과

스트레스와 피곤함을 제거해 주옵소서.

제 삶이 흥분과 의미,

그리고 기쁨으로 가득 찰 수 있도록

제가 그리스도의 길을 따라 살기를 원합니다.

그리스도께서 제공하시는 기회를

제가 붙잡을 수 있게 하시고,

제 삶을 통해서 온갖 선하고

가치 있는 것들을 증명하게 하옵소서.

제 삶이 굉장한 경험이 될 수 있도록

저에게 능력과 힘과 선을 부어 주옵소서.

우리 주 예수 그리스도의 이름으로 기도드립니다.

아멘.

---

*수고하고 무거운 짐 진 자들아 다 내게로 오라 내가 너희를 쉬게 하리라(마 11:28); If you are tired from carrying heavy burdens, come to me and I will give you rest.(Mt 11:28)

지쳤을 때 드리는 치유기도

힘
노만 빈센트 필

주님,
좀 더 많은 힘과 능력이 필요합니다.
저는 힘이 다 빠져버렸습니다.
너무나도 지쳤습니다.
제가 해야 할 일들을
다 수행할 만한 힘이 저에게는 없습니다.
오 주님, 이제까지 저는
그릇된 생각들이 사람을 지치게 할 수 있다고 들었습니다.
주님께서 저의 생각을 변화시켜 주셔서,
주님의 신적인 능력과 조화를 이루게 하옵소서.
제가 주님과 가까이
있을 수 있도록 지켜 주옵소서.
주님은 절대로 사라지지 않을 힘의 원천이십니다.
이제 제가 이 위대하고 새로운 힘을 받았으니,
주님께 감사를 드립니다.
예수님의 이름으로 감사하며 기도드립니다.
아멘.

*나는 마음이 온유하고 겸손하니 나의 멍에를 메고 내게 배우라 그리하면 너희 마음이 쉼을 얻으리니 이는 내 멍에는 쉽고 내 짐은 가벼움이라 하시니라(마 11:29-30); Take the yoke I give you. Put it on your shoulders and learn from me. I am gentle and humble, and you will find rest. This yoke is easy to bear, and this burden is light.(Mt 11:29-30)

소외감을 느낄때 드리는 치유기도

멀찍이
오스테루이스 (1933–)

하나님,
하나님이 기도 가운데 부르짖는 이들에서
멀찍이 계시는,
이방인이 결코 아니시라는 말을
수도 없이 들어온 저입니다.
하나님, 그 말이 참되다는 것을
제가 지금 삶 속에서 보고 알게 해주옵소서.
제가 마음 깊은 데서,
하나님의 성자, 예수 그리스도,
저의 구세주를 인정할 수 있는
믿음과 기쁨을 주옵소서.
제가 수용적이고 개방적인 사람이 되어,
아빠의 손에서 빵을 받아 떼는 아이들처럼
하나님의 나라를 받아들이게 해주옵소서.
하나님의 평화 안에서,
이 세상 다하는 날까지
하나님과 함께 편히 살게 해주옵소서.
그리스도이신 예수님의 이름으로 기도드립니다.
아멘.

*너희는 내가 명하는 대로 행하면 곧 나의 친구라(요 15:14); And you are my friends, if you obey me.(Jn 15:14)

외로울 때 드리는 치유기도

홀로
E. B. 푸시

좋으신 예수님,
아버지 없는 이들의 아버지가 되시며,
외로운 이들의 하나님이 되어 주시는 이여,
외로움을 통하여
주님과 함께
홀로 있을 수 있는 법을 가르쳐 주옵소서.
좋으신 예수님,
은밀한 마음을 향하여 말씀하시는 이여,
외로움이 제 영혼 안에서
주님의 현존이 되게 해주옵소서.
우리 주 예수 그리스도의 이름으로 기도드립니다.
아멘.

*내가 너희를 고아와 같이 버려두지 아니하고 너희에게로 오리라(요 14:18); I won't leave you like orphans. I will come back to you.(Jn 14:18)

우울할 때 드리는 치유기도

마음고요
노만 빈센트 필

하늘에 계신 우리 아버지,

저의 외로움을 제거해 주옵소서.

제가 시간을 특별하게 사용할 수 있도록 인도하옵소서.

저의 공허한 마음을 채워주옵소서.

심란한 제 마음에 평화와 고요를 주옵소서.

제가 다른 것들을 생각하고,

주님께서 주신 내적인 능력을

끌어낼 수 있도록 도와주옵소서.

제가 강한 믿음을 지켜나가게 하옵소서.

예수님의 이름으로 기도드립니다.

아멘.

*나는 광야의 올빼미 같고 황폐한 곳의 부엉이 같이 되었사오며 내가 밤을 새우니 지붕 위의 외로운 참새 같으니이다(시 102:6-7); I am like a lonely owl in the desert or a restless sparrow alone on a roof.(Ps 102:6-7)

> 우울할 때 드리는 치유기도

천근만근
나치안추스의 고리 (329-389)

주님,
삶의 숨결이 소진되어 버린 것 같습니다.
몸은 천근만근, 마음은 근심걱정,
살맛도 없고, 기력도 없습니다.
두려움도 가라앉힐 수가 없고,
팔다리도 마비된 것 같습니다.
암울한 생각만이 머릿속을 헤집고 다니며,
그것들을 물리칠 힘마저 떨어져 버렸습니다.
귀리 나무가 바람에 일격을 당했다 한들,
지금 우울의 폭풍이 제 영혼을 강타한 것과 같겠습니까?
배가 파도에 세차게 흔들거렸다 한들,
지금 제 영혼이 비참함으로 요동치는 것과 같겠습니까?
집의 기초가 무너졌다 한들,
지금 제 자신의 삶이
잿가루처럼 바스라지는 것과 같겠습니까?
친구들의 발길이 뚝 끊어진지 오래입니다.
주님께서는 제 영적 형제들마저

멀리 흩으려 버리셨습니다.
지금 저는 주님의 교회로부터 버림받은 몸입니다.
더 이상 꽃들은 저를 위해 피지 않습니다.
더 이상 나무들은 저를 위해 낙엽지지 않습니다.
더 이상 새들은 제 창문에서 노래하지 않습니다.
동료 그리스도인들은
저를 어리석은 죄인이라 경멸합니다.
주님, 제 영혼을 드높여 주시고,
제 몸을 소생시켜 주옵소서.
예수 그리스도의 이름으로 기도드립니다. 아멘.

---

*상심한 자들을 고치시며 그들의 상처를 싸매시는도다(시 147;3); He renews our hopes and heals our bodies.(Ps 147;3)

희망과 기적을 창조하는 이야기 치유기도

우울함 극복하기
로버트 스트랜드

여러분의 자매나 형제가 슬퍼하거나 외로움을 느끼거나 고민이나 절망에 빠져 있거나 의기소침해 있을 때는 어떻게 하겠습니까? 우울함의 일부라도 함께 나누어야 하지 않겠습니까? 다음의 이야기들은 여러분 자매나 형제뿐만 아니라 여러분에게도 도움이 될 것입니다:

1) 우울함을 극복하는 것이 그리 복잡한 일은 아닐 것입니다. 그러나 먼저 하나님께 우울함을 극복할 힘을 달라고 기도하는 것으로 시작하세요.

2) 자신에게 다음과 같이 말해 보십시오: "처음이 아니잖아? 이렇게 우울한 감정은 전에도 느꼈어. 이 감정은 계속 머무는 게 아니고 지나가고 마는 거야." 상처나 고통은 영원히 사라지지 않을지 모르지만, 기분이라는 건 좋아지기도 하는 거랍니다.

3) 의도적으로 생각을 바꿔 보세요. 불행한 생각을 하지 말고, 어렸을 때의 행복한 추억을 떠올리거나 즐거운 생각을 하십시오. 이것은 바로 부정적인 생각을 긍정적으로 바꾸는 것이지요.

4) 오랫동안 걷거나 잡초를 뽑아 보세요. 또한 삽으로 길을 만들어 보거나 낙엽 청소를 해 보세요. 아니면 강아지 목욕을 시키거나 세차를 해보세요. 하여간 밖에 나가 뭔가를 하십시오. 그럴 수 없다면 집안에서 활동적인 일을 하시던가요.

5) 현재의 소망을 세어 보십시오. 종이를 꺼내 현재의 소망, 과거의 소망, 그리고 미래에 기대하는 소망의 목록을 만들어 보세요.

6) 여러분보다 더 안 좋은 상황에 있는 사람을 도와주세요. 이웃이어도 좋고 친구, 자매, 친척도 좋습니다. 요양원에 가서 아무에게나 책을 읽어 주세요. 그 가운데 자기 연민의 껍질을 깨고 나와, 다른

사람의 입장이 되어 보십시오.
7) 이 우울한 감정이 육체적인 문제 때문이 아니라는 확신을 가지십시오. 그리고 용감하게 의사에게 가서 도움을 받으세요.
8) 하나님이 보살펴 주신다는 확신을 가지십시오. 누군가가 또는 무엇인가가 여러분이 우울할 때, 시험받을 때, 고난이 있을 때 도와주러 올 것입니다. 그리고 하나님께서 여러분이 불가능한 일을 감당할 수 있고 참을 수 없는 일도 참을 수 있게 도와주신다는 것을 믿어 보세요.
9) 여러분이 만나는 사람들도 모두 지치고 상처받고 외롭고 슬픈 인생의 어려운 고비를 극복했다는 사실을 생각하면 도움이 될 것입니다. 그러나 그 사람들이 대처한 방식이라고 모두 여러분에게 쓸모 있다는 보장은 없지요. 하지만 절대로 용기를 잃지 마십시오.
10) 내일은 더 좋아질 거라고 믿으십시오! 미래에 대한 확신을 가지십시오! 그리고 하나님에 대한 믿음을 가지십시오! 하나님과의 관계를 믿으십시오! 믿으십시오!

*그가 친히 말씀하시기를 내가 결코 너희를 버리지 아니하고 너희를 떠나지 아니하리라 하셨느니라 그러므로 우리가 담대히 말하되 주는 나를 돕는 이시니 내가 무서워하지 아니하겠노라 사람이 내게 어찌하리요 하노라(히 13:5-6); The Lord has promised that he will not leave us or desert us. That should make you feel like saying, "The Lord helps me! Why should I be afraid of what people can do to me?" (Heb 13:5-6)

자살충동을 느낄 때 드리는 치유기도

살아 있다는 생생한 느낌으로
신현복

하나님,
지금 고통 중에서
하나님의 손길을 바라고 있습니다.
긍휼을 베푸시어
저의 생각과 눈물과 아픔을 헤아려 주옵소서.
삶의 고단함과 의미 없음을 치료해 주옵소서.
살아 있다는 생생한 느낌으로
순간에 최선을 다하는
당당한 모습을 심어 주옵소서.
모든 사람이 인정하고 존경하는
아름다운 성품을 베풀어 주옵소서.
삶의 용기를 지니고
오히려 약한 이웃을 섬기게 해주옵소서.
길이요 진리요 생명이신
예수님의 이름으로 기도드립니다.
아멘.

*사람이 만일 온 천하를 얻고도 제 목숨을 잃으면 무엇이 유익하리요 사람이 무엇을 주고 제 목숨과 바꾸겠느냐(마 16:26); What will you gain, if you own the whole world but destroy yourself? What would you give to get back your soul?(Mt 16:26)

슬플 때 드리는 치유기도

따스한 빛
독일 기도서

주님,
이 세상에는 슬퍼하는 이들이 너무나 많습니다.
그러나 이 시간 그들에게
따스한 빛을 비추시어,
그들이 슬픔을
세상의 죄를 들여다보는
마음의 훈련으로 삼게 하옵소서.
슬픔 그 자체가 사랑을 꽃피울 수 있는
마음의 훈련이 되게 하옵소서.
내가 겪고 있는 슬픔이
눈물을 자아내는
자유의 대가임을 알게 하옵소서.
깊은 슬픔 속에서
하나님의 사랑이 무한하심을
체험하게 하옵소서.
셀 수 없는 눈물을
오늘도 조용히 닦아 주시는
예수님의 이름으로 기도드립니다.
아멘.

*더러는 좋은 땅에 떨어지매 자라 무성하여 결실하였으니 삼십 배나 육십 배나 백 배가 되었느니라(막 4:8); But a few seeds did fall on good ground where the plants grew and produced thirty or sixty or even a hundred times as much as was scattered.(Mk 4:8)

사랑하는 사람을 잃었을 때 드리는 치유기도

아픔의 자국
노만 빈센트 필

온갖 신비를 지니신 위대하신 하나님,
절대절망의 현실 속에서
저의 생각이 헛돌고
놀란 새들처럼 저의 말이 헛나올 때,
저에게 고요함을 가져다주시어
두 손을 모으고
제 마음의 슬픔을 덮을 수 있도록 해주옵소서.
저에게 은혜를 주시어
하나님을 조용히 인내하며 받들 수 있도록 해주옵소서.
하나님께서는 제가 아는 것보다도
더 제 가까이 계시며,
제가 상상하는 것보다도 더 가까이 계십니다.
제가 하나님을 발견할 수 없다면,
그것은 제가 아주 먼 곳에서 찾고 있기 때문입니다.
제가 아픔을 느끼기 전에 하나님께서 아파하셨고,
무거운 짐이 저를 내리누르기 전에
하나님께서 그것을 걷어치우셨으며,
슬픔으로 저의 마음이 암울해지기 전에
하나님께서는 먼저 슬퍼하셨습니다.
하나님께서는 어둠의 골짜기에서도 계시므로,

저의 선한 목자가 되시어
제가 하나님과 동행하는 동안 돌보심으로써,
제가 연약함 가운데 넘어지지 않도록 해주옵소서.
비록 아픔의 자국이 깊어갈지라도,
늘 하나님께서 바라시는 길을 걷게 해주시고,
저를 이끄시어 온갖 위험을 지날 수 있도록 해주옵소서.
예수 그리스도의 이름으로 기도드립니다.
아멘.

*애통하는 자는 복이 있나니 그들이 위로를 받을 것임이요(마 5:4); God blesses those people who grieve. They will find comfort!(Mt 5:4)

> 슬퍼하는 이들을 위하여 드리는 치유기도

눈물을 닦아 주시며
헨리 나우웬

하늘에 계신 우리 아버지,

제가 예수 그리스도의 위대하심과 선하심을

이해할 수 있도록 도와주옵소서.

그분께서 제 눈물을 모두 닦아 주시며,

제 아이들을 영원한 아침의 해가 솟는 곳으로 인도하십니다.

저에게 굳센 평화와 확신을 주옵소서.

이제 제가 사랑하는 사람들과 다시 뭉쳐,

주님과 영원히 함께 살아갈 것이기 때문입니다.

우리의 구원자이신

주 예수 그리스도의 이름으로 기도합니다.

아멘.

*주께서 호령과 천사장의 소리와 하나님의 나팔 소리로 친히 하늘로부터 강림하시리니 그리스도 안에서 죽은 자들이 먼저 일어나고 그 후에 우리 살아남은 자들도 그들과 함께 구름 속으로 끌어 올려 공중에서 주를 영접하게 하시리니 그리하여 우리가 항상 주와 함께 있으리라 그러므로 이러한 말로 서로 위로하라(살전 4:16-18); With a loud command and with the shout of the chief angel and a blast of God's trumpet, the Lord will return from heaven. Then those who had faith in Christ before they died will be raised to life. Next, all of us who are still alive will be taken up into the clouds together with them to meet the Lord in the sky. From that time on we will all be with the Lord forever. Encourage each other with these words. (1Th 4:16-18)

사랑하는 사람을 잃었을 때 드리는 치유기도

비탄
헨리 나우웬

하늘에 계신 우리 아버지,
제가 주님의 뜻에 겸손히 따르겠습니다.
주님의 지혜가 저희의 지혜보다 크시기 때문입니다.
주님께서는 저희의 마음이 얼마나 슬픈지,
저희의 비탄이 얼마나 깊은지를 다 아십니다.
저희가 사라져버린 손길을 고대하며,
들리지 않는 음성을 고대합니다.
하지만 주님께서는 자애로우시고 친절하십니다.
주님께서는 저희의 상처 입은 마음을 위로하여 주십니다.
주님의 아들 예수 그리스도를 통하여,
더 이상 이별이 없는 하늘나라에서
저희가 사랑하는 사람을 다시 만나게 되리라는
소망을 안겨 주시니 감사합니다.
저희 눈에서 눈물을 말끔히 거두어 주옵소서.
주님, 가난한 저희 인간의 마음을
그리도 잘 이해해 주시고
주님께 기댈 수 있도록 하여 주시니 감사합니다.
예수님의 이름으로 감사하며 기도드립니다.
아멘.

*예수께서 이르시되 내가 곧 길이요 진리요 생명이니 나로 말미암지 않고는 아버지께로 올 자가 없느니라(요 14:6); "I am the way, the truth, and the life!" Jesus answered. "Without me, no one can go to the Father." (Jn 14:6)

희망과 기적을 창조하는 이야기 치유기도

바다와 같은 슬픔이
로버트 스트랜드

　1873년에, 시카고에 사는 크리스천 변호사 호라치오 스파포드는, 아내와 네 명의 딸을 위하여 빌 드 하버라는 호화 여객선을 예약하였습니다. 이 여객선은 뉴욕 항을 출발해 프랑스로 가는 것이었지요. 스파포드는 몇 가지 일을 더 끝낸 뒤, 가족들과 합류해서 3, 4주 정도 휴가를 즐기고 싶었습니다. 그러나 아내를 제외한 나머지 딸들을 그 뒤로 다시는 볼 수 없게 되었지요.
　11월 21일 저녁에, 빌 드 하버 호는 대서양 한가운데에서 다른 여객선인 록컨 호와 충돌을 하여, 30분도 안 되어 가라앉아 버렸습니다. 이 사고로 대부분의 승객들이 목숨을 잃었지요.
　배가 가라앉는다는 경고 방송이 있은 후, 스파포드 부인과 딸들은 하나님 앞에 무릎을 꿇고 기도를 드렸습니다. 만일 하나님의 뜻이거든 죽음을 두려워하지 않게 해주시고, 그렇지 않으면 살려 달라고 기도를 하였지요. 결국 부인이 막내를 끌어안고 있는 동안, 나머지 아이들은 파도에 휩쓸려가 버렸습니다. 그리고 막내마저도 파도에 휩쓸려 갔고, 아내는 어떤 조각 같은 데 부딪혀 정신을 잃고 말았습니다. 그녀가 나중에 의식을 찾았을 때는, 록컨 호의 승무원에 의해 구조를 받은 상태였지요. 그러나 네 명의 딸아이는 어디에서도 찾아볼 수가 없었습니다.
　미국에 혼자 남아 있던 호라치오 스파포드는 전전긍긍하며 가족들의 소식만 기다리고 있었습니다. 이윽고 구조선이 웨일즈의 카디프에 도착했을 때, 한 가지 소식이 전해졌습니다. 그것은 바로 자기의 아내만이 살아남았다는 것이었지요. 그 날 저녁, 그는 비통한 심정으로 집안 여기저기를 걸어 다녔습니다. 그가 유일하게 의지할 곳은, 하나님께 자신의 고통을 나누는 기도뿐이었지요. 나중에 친구인 휘틀 소령에게 이렇게 전하였습니다. "내가 뭔가를 손해본 듯할 때, 하나님을 의지했던 것이 참으로 현명한 일이었다네." 나중에 그는 자신의 슬픈 과거를 회상하며 이런 찬송을 하였습니다:

강과 같은 평화가 나의 기로를 찾아올 때,
바다와 같은 슬픔이 나에게 휘몰아쳐 올 때,
주님이 나에게 가르쳐 주신 그 어떠한 운명도
나의 영혼에 도움이 되노라.
비록 사탄이 나를 눕히려 하여도,
비록 시험이 닥쳐온다 하여도,
하나님이 주신 도움의 축복이 우리의 영혼을 지배하게 하소서.
예수 그리스도는 나의 연락할 길 없는 도움의 때를 생각하시며,
나의 영혼을 위하여 보혈을 흘리시나니,
주님, 장차 믿음이 장성한 분량에 이르도록 나를 재촉하소서.
구름은 두루말이처럼 감기우고,
나팔소리 울릴 때에 주님이 강림하시리라.
비록 그렇다 할지라도,
비록 그렇다 할지라도,
이 모든 것이 나의 영혼을 살찌우노라.

---

*하나님이 우리를 세우심은 노하심에 이르게 하심이 아니요 오직 우리 주 예수 그리스도로 말미암아 구원을 받게 하심이라(살전 5:9); God doesn't intend to punish us, but wants us to be saved by our Lord Jesus Christ.(1Th 5:9)

유가족을 위로할 때 드리는 치유기도

풀은 시들고
미국 기도서

하나님,
하나님의 크신 뜻에 저희를 맡기며 머리 숙였습니다.
모든 인생은 한낱 풀포기,
그 영화는 들에 핀 꽃,
인간이란 실로 풀과 같은 존재,
풀은 시들고 꽃은 지고 마는 것,
그러나, 그러나,
하나님의 말씀을 영원히 서 있는 것,
오 영원하신 하나님,
시들고 말라 버리고야 말 인간의 생명이지만,
하나님께서 허락하여 주신 것이기에,
저희는 이를 소중히 여겼습니다.
그 생명이 고 ○ ○ ○ 님에게서 떠났기에,
저희는 애태우며 슬퍼하고 있습니다.
그 생명은 이미 부름을 받아 하나님 품에 안기고,
여기엔 그 몸만이 남아 있습니다.
고인의 죽음을 슬퍼하는 저희에게
하나님의 성령께서 함께 해주시기를 빕니다.
고인과 맺은 한 사람 한 사람의 형편에 따라
위로의 손길을 뻗쳐 주시기를 목 놓아 기다립니다.

하나님, 저희가 이런 때일수록
하나님의 크신 뜻을 읽고 따르게 해주옵소서.
저희의 형제/자매 고 ◯ ◯ ◯ 님의 모든 것을
영원하신 하나님 품에 고이 품어 주옵소서.
저희를 절망에서 희망으로 이끄시는
예수 그리스도의 이름으로 기도드립니다.
아멘.

*형제들아 자는 자들에 관하여는 너희가 알지 못함을 우리가 원하지 아니하노니 이는 소망 없는 다른 이와 같이 슬퍼하지 않게 하려 함이라(살전 4:13); My friends, we want you to understand how it will be for those followers who have already died. Then you won't grieve over them and be like people who don't have any hope.(1Th 4:13)

고난당하고 있는 이들을 위하여 드리는 치유기도

보호
로마의 클레멘스 (?-96)

주님, 비오니,
저희를 도우시고 보호하여 주옵소서.
핍박받는 이들을 건져 주옵소서.
무시당하는 이들을 불쌍히 여겨 주옵소서.
넘어진 이들을 일으켜 주옵소서.
궁핍한 이들에게 주님을 보여 주옵소서.
아픈 이들을 고쳐 주옵소서.
곁길로 나간 주님의 백성들을 돌아오게 해주옵소서.
굶주린 이들을 먹여 주옵소서.
연약한 이들을 높여 주옵소서.
갇힌 이들의 결박을 풀어 주옵소서.
모든 민족이 알게 해주옵소서.
주님 홀로 하나님이심을!
예수 그리스도가 하나님의 아들이심을!
저희는 하나님의 백성이요
기르시는 양임을!
예수 그리스도의 이름으로 기도드립니다.
아멘.

*만일 그리스도인으로 고난을 받으면 부끄러워하지 말고 도리어 그 이름으로 하나님께 영광을 돌리라(벧전 4:16); Don't be ashamed to suffer for being a Christian. Praise God that you belong to him.(1 Pe 4:16)

> 회개하고 싶을 때 드리는 치유기도

말끝마다
윌리엄 바클레이

오 하나님,

전능하시고 모든 이를 사랑하시는 하나님이여,

다른 그 어떤 곳도 아니고,

바로 하나님의 현존하심 속에서,

저희는 저희의 죄가 저희를 짓누르는 것을 느낍니다.

저희는 주어진 시간을 너무도 어리석게 사용했습니다.

저희는 제대로 이루지도 못한 일에 쉽사리 자족해 버렸습니다.

번번이 복수심에 불타오르곤 했습니다.

돈에 질질 끌려 다니기도 했습니다.

말끝마다 오직 불평뿐이었습니다.

저희는 전혀 신실하지 못했습니다.

은혜로 저희의 이 모든 죄를 용서해 주옵소서.

저희가 하나님을 새롭게 모셔 들이게 해주옵소서.

그리고 저희를 도우시어,

이제부터는 하나님과 좀 더 가까이 살아가게 해주옵소서.

예수님의 이름으로 기도드립니다.

아멘.

*그런즉 누구든지 그리스도 안에 있으면 새로운 피조물이라 이전 것은 지나갔으니 보라 새 것이 되었도다(고후 5:17); Anyone who belongs to Christ is a new person. The past is forgotten, and everything is new.(2 Co 5:17)

> 희망과 기적을 창조하는 이야기 치유기도

하나님의 사자
로버트 스트랜드

이 이야기는 미국의 일리노이주 락포드에서 시작됩니다. 1970년대 초 돈 리옹이라는 목사가 어떤 농장을 사서, 그곳에다 교회와 기독교 방송국을 세우고자 자신의 교회를 그곳으로 인솔해 왔습니다. 그들은 방송국 본부로 쓸 작은 집을 지었지요. 리옹 목사는 이 사업을 시작하기 위해서는 특별한 사람이 필요하다는 것을 알았습니다. 그러던 어느 날 목사가 이 일로 기도를 올릴 때 마음속에 '타이어트소트'라는 이름이 문득 떠올랐습니다. 이상한 이름이었죠. 그리고는 곧 잊어버렸습니다.

어느 날 락포드의 교회들이 주최하는 특별 목사 회의가 있었습니다. 리옹 목사가 몇 명의 손님과 인사를 나누고 있을 때, 어떤 젊은이가 다가왔습니다. 목사는 그의 이름표를 보았죠. '론 타이어트소트!' 그는 아이오아 주 수 시티에서 라디오와 TV 매체 활동에 경력이 있는 목사였습니다. 그는 리옹 목사의 제안으로, 곧 방송국의 매니저 직을 받아들여 가족과 함께 옮겨 왔습니다.

그의 아내 밀리는 장부 기록과 손님 접대를 했고 때로는 프로그램을 짜기도 했습니다. 그런데 1975년 겨울에 시련이 닥쳐왔지요. 그들의 온갖 노력과 청취자 층의 확대에도 불구하고, 방송국은 난관에 봉착했습니다. 방송을 계속하기 위해서는 3,000달러 이상의 돈이 꼭 필요했어요. 그것도 당장!

삼백 달러면 몰라도 삼천 달러라니! 밀리는 앉아서 첫눈이 내리는 창밖을 보며 기도했습니다. "하나님, 저희는 하나님께서 방송국이 계속되기를 바라신다고 진실로 믿었습니다. 우리가 주님의 뜻을 잘못 읽었나요? 어떻게 해야 할지 가르쳐 주십시오."

그 때 정문이 열리고 한 중년의 사나이가 봉인된 봉투를 가지고 걸어

   들어왔습니다. 그 순간 밀리는 깜짝 놀랐지요. 그녀는 자동차 소리도, 현관으로 들어오는 발자국 소리도 전혀 듣지 못했거든요. 눈이 소리를 덮어 버린 것일까요? "이것을 론에게 주시오. 방송국을 위해 써 주시오." 밀리가 영수증을 써 주기도 전에 그 사람은 가버렸습니다. 이상한 일이었지요.

   그녀는 봉투를 들고 론에게 갔습니다. 그것을 받아 든 론은 봉투를 열어보고는 숨이 막혔습니다. "밀리, 이것 좀 봐요!" 그 안에는 현금이 3,000달러도 넘게 들어 있었습니다! 론은 그 사람을 불러 감사의 인사를 하든지 아니면 얼굴이라도 봐야겠다는 생각에, 의자에서 벌떡 일어나 정문 쪽으로 달려 나가 문을 활짝 열었습니다.

   그러나 길에는 차도 없었고 바퀴 자국도 없었습니다. 오는 사람도 가는 사람도 없었습니다. 론은 아직 눈을 치우지 않아 첫눈이 그대로 쌓여 있는 현관을 보았습니다. 아무런 바퀴 자국도 없었습니다. 그 하얀 융단 위에는 아무런 발자국도 없었습니다!

   지금까지도 방송국은 순조롭게 운영되고 있습니다. 그러나 론과 밀리는 두 번 다시 그 낯선 이를 보지 못했지요. 하지만 아직도 그 때 일은 영원히 사라지지 않을 기억으로 남아 있습니다!

---

*나의 하나님이 그리스도 예수 안에서 영광 가운데 그 풍성한 대로 너희 모든 쓸 것을 채우시리라(빌 4:19); I pray that God will take care of all your needs with the wonderful blessings that come from Christ Jesus!(Php 4:19)

죄책감이 들 때 드리는 치유기도

우슬초
시편 51편

주님,
주님의 한결같은 사랑으로,
저에게 자비를 베풀어 주옵소서.
주님의 긍휼을 베푸시어
제 반역죄를 없애 주옵소서.
제 죄악을 말끔히 씻어 주시고,
제 죄를 깨끗이 없애 주옵소서.
제 반역죄를 제가 잘 알고 있으며,
제가 지은 죄가 언제나 제 앞에 있습니다.
주님께만, 오직 주님께만, 저는 죄를 지었습니다.
주님 눈앞에서, 제가 악한 짓을 저질렀으니,
주님의 유죄 선고가 마땅할 뿐입니다.
주님의 유죄 선고는 옳습니다.
실로, 저는 태어날 때부터 죄인이었고,
어머니의 태속에 있을 때부터 죄인이었습니다.
마음속의 성실과 진실을 기뻐하시는 주님,
제 마음을 주님의 지혜로 가득 채워 주옵소서.
우슬초로 제 죄를 정결케 해주옵소서.
제가 깨끗하게 될 것입니다.
저를 씻어 주옵소서.
제가 눈보다 더 희게 될 것입니다.
기쁨과 즐거움의 소리를 들려주옵소서.
비록 주님께서 저의 뼈를 꺾으셨어도,

제가 다시 기뻐하며 외치겠습니다.
주님의 눈을 제 죄에서 돌리시고,
제 모든 죄악을 없애 주옵소서.
아, 하나님,
제 속에 깨끗한 마음을 새로 지어 주시고,
제 안에 정직한 새 영을 넣어 주옵소서.
주님 앞에서 저를 쫓아내지 마시며,
주님의 거룩한 영을 저에게서 거두어 가지 말아 주옵소서.
주님께서 베푸시는 구원의 기쁨을 제게 돌려주시고,
너그러운 영을 보내셔서 저를 붙들어 주옵소서.
주님, 제 입을 열어 주옵소서.
주님을 찬양하는 노래를 제 입으로 전파하렵니다.
주님은 제물을 반기지 않으시며,
제가 번제를 드려도 기뻐하지 않으십니다.
하나님께서 원하시는 제물은 깨어진 마음임을 확신합니다.
깨어지고 짓밟힌 심령을,
하나님께서는 멸하지 않으실 것입니다.
감사하며, 예수님의 이름으로 기도드립니다.
아멘.

---

*그러므로 이제 그리스도 예수 안에 있는 자에게는 결코 정죄함이 없나니 이는 그리스도 예수 안에 있는 생명의 성령의 법이 죄와 사망의 법에서 너를 해방하였음이라(롬 8:1-2); If you belong to Christ Jesus, you won't be punished. The Holy Spirit will give you life that comes from Christ Jesus and will set you free from sin and death.(Ro 8:1-2)

회개하고 싶을 때 드리는 치유기도

고집스런 성깔
존 베일리 (1886–1960)

오 다가갈 수 없는 빛이시여,
어찌 이 추한 손을 모아 주님께 기도할 수 있으리요!
거짓말과 비열한 말들을 쏟아냈던 그 입술로
어찌 주님께 기도할 수 있으리요!
복수심으로 굳어 버린 이 마음,
제어 되지 못한 혀,
고집스런 성깔,
다른 이의 짐을 안 지고 싶어 하는 마음,
다른 이에게 내 짐을 지우고 싶어 하는 심보,
고상한 직업에 종사하면서도 성취하는 것은 별로인 삶,
그럴싸한 말로 치장된 비루한 생각,
친절한 표정 안에 숨겨진 차가운 마음,
수포로 만들어 버린 좋은 기회들,
개발하지 않고 방치해 버린 많은 재능들,
무심코 지나쳐 버린 그 많은 사랑과 아름다움들,
알아차리지 못하고 받은 그 많은 복,
오 주님, 이 모든 허물을 고백합니다.
부디 용서해 주옵소서.
예수님의 이름으로 기도드립니다.
아멘.

*이르시되 때가 찼고 하나님의 나라가 가까이 왔으니 회개하고 복음을 믿으라 하시더라(막 1:15); He said, "The time has come! God's kingdom will soon be here. Turn back to God and believe the good news!"(Mk 1:15)

> 질투가 생길 때 드리는 치유기도

질투
제레미 테일러 (1613-1667)

주님,
제가 부유하여 자신을 잊지 않게 해주옵소서.
제가 가난하여 주님을 잊지 않게 해주옵소서.
희망이나 두려움, 즐거움이나 고통,
밖에서 일어나는 일이나 제 안의 연약함 때문에,
내내 의무 행하기를 게을리 하지 않게 하시며,
주님 주신 계명의 길을 벗어나지 않게 해주옵소서.
오, 주님의 영이 영원히 제 안에 거하시어,
제 영혼이 의롭고 자비로워지며,
정직과 경건으로 충만하게 해주옵소서.
확고하고 한결같은 거룩한 뜻을 품게 하시고,
악에게 굴하지 않게 해주옵소서.
겸손하고 순종하며, 평화롭고 경건하게 해주옵소서.
이웃의 행복을 질투하지 않게 해주옵소서.
이웃의 멸시를 받지 않게 하시며,
멸시를 받을 때라도 온유와 사랑으로 감당하게 해주옵소서.
예수 그리스도의 이름으로 기도드립니다.
아멘.

*내가 보는 것은 사람과 같지 아니하니 사람은 외모를 보거니와 나 여호와는 중심을 보느니라(삼상 16:7); People judge others by what they look like, but I judge people by what is in their hearts.(1Sa 16:7)

내 모습이 이기적이라고 느껴질 때 드리는 치유기도

첫 번째 할 일
리처드 포스터

주님,
제 생활의 너무 많은 부분들이
저의 이익과 저의 행복에 집중되는 것 같습니다.
하루만이라도 제가 하는 모든 행동이
제가 아니라 다른 사람을 이롭게 하도록
살아 보았으면 좋겠습니다.
아마도 다른 사람을 위하여 기도하는 것이
첫 번째 할 일이겠지요.
부디 칭찬이나 보상을 기대하지 말고
그렇게 살아가도록 도와주옵소서.
예수 그리스도의 이름으로 기도드립니다.
아멘.

*둘째는 이것이니 네 이웃을 네 자신과 같이 사랑하라 하신 것이라 이보다 더 큰 계명이 없느니라(막 12:31); The second most important commandment says: Love others as much as you love yourself. No other commandment is more important than these.(Mk 12:31)

나만 생각하며 살아왔다고 느낄 때 드리는 치유기도

독선
헨리 나우웬

주님,
저는 자기중심적이었습니다.
저 자신에게만 관심을 가졌습니다.
저의 경력,
저의 미래,
저의 이름,
저의 명예에만 몰두하였습니다.
심지어 어떤 때는
저 자신의 유익을 위하여
주님을 이용해 먹는다는 생각이 들기도 하였습니다.
이 얼마나 독선적이고 터무니없는 노릇인지요!
진정 서글픈 일입니다.
그러나 주님,
이것이 저의 적나라한 모습입니다.
비오니,
저의 비참함을 긍휼히 여기시고
거듭나게 해주옵소서.
예수님의 이름으로 기도드립니다.
아멘.

*예수께서 대답하시되 진실로 진실로 네게 이르노니 사람이 물과 성령으로 나지 아니하면 하나님의 나라에 들어갈 수 없느니라(요 3:5); Jesus answered: I tell you for certain that before you can get into God's kingdom, you must be born not only by water, but by the Spirit.(Jn 3:5)

> 열등감을 느낄 때 드리는 치유기도

축복하는 마음
최효섭

하나님 아버지시여,
제가 비참한 인간이 되지 않게 하옵소서.
질투하고 부러워하는 인간은 비참하오니,
오히려 남을 칭찬하고 격려하며
희망을 주는 인간이 되게 하옵소서.
인정받기나 기다리고
이름 내기를 원하는 인간은 비참하오니,
진실한 삶과 작은 일을 말없이 하며
책임 다하였음을 감사하고 만족하게 하옵소서.
이익이 있어야 움직이는 인간은 비참하오니,
돌려받을 계산 말고 사랑하게 하시며
주는 것이 받는 것보다 복 있다는 진리를
정말 믿으며 살게 하옵소서.
남을 의심하는 인간은 비참하고
맡기지 못하는 마음도 초라하오니,
탁 트인 마음으로 믿고 살게 하옵소서.
내 주장만 내세우고
고집을 세우려는 인간은 정말 비참하오니,
잘 듣는 편에 서게 하시고
남의 입장에 서 보는 슬기를 주옵소서.

남의 실수나 잘못되기를 바라는 마음은
진짜로 비참한 쓰레기 정신이오니,
싸매주고 덮어주고 잊어주고 용서하며
축복하는 마음으로 살게 하옵소서.
비판과 비난을 오래 기억하고 있다면
비참하고 발전 못할 인간이오니,
마음을 비우고 맑고 밝게 살게 하옵소서.
줄곧 재미만 보려는 인간은 비참하오니,
희생의 쾌감과 짐 지는 만족을 느끼며
주님 가신 발자취를 묵묵히 따르게 하옵소서.
주여, 저로 하여금 비참한 인간이 되지 않게 하옵소서.
예수님의 이름으로 기도드립니다.
아멘.

*칼로 찌름 같이 함부로 말하는 자가 있거니와 지혜로운 자의 혀는 양약과 같으니라(잠 12:18); Sharp words cut like a sword, but words of wisdom heal.(Pr 12:18)

비참함을 느낄 때 드리는 치유기도

비교하면 비참해지나니
신현복

주님,
늘 내 안의 것을 보지 못하고
남의 것만 의식하는
이 마음을 치유하여 주옵소서.
저에게 주신 독특한 달란트,
남들이 찬탄하는 나만의 매력,
왜 저는 그것을 보지 못하는지요.
주님, 비교의식에서 자유하게 해주옵소서.
비교하면 비참해지나니,
그 평범한 진리를 깊이 헤아리게 하옵소서.
나와 다른 것은 다를 뿐이지
틀린 게 아니라는 생각으로,
이웃을 따뜻하게 바라보게 하옵소서.
그 마음 그 생각으로,
이제 내 안의 소중한 가능성들을

하나씩 발견해 가게 하옵소서.

조급함을 물리치고

마음의 여유로움과 영혼의 푸르름을

오늘도 만끽하게 하옵소서.

예수님의 이름으로 기도드립니다.

아멘.

*이와 같이 성령도 우리의 연약함을 도우시나니 우리는 마땅히 기도할 바를 알지 못하나 오직 성령이 말할 수 없는 탄식으로 우리를 위하여 친히 간구하시느니라(롬 8:26); In certain ways we are weak, but the Spirit is here to help us. For example, when we don't know what to pray for, the Spirit prays for us in ways that cannot be put into words.(Ro 8:26)

참 자기를 찾고 싶을 때 드리는 치유기도

묵묵히
성 게르트루디스

자비하신 하나님,
주님만이 저의 사정을 가장 잘 아시오니,
저의 비참함을 헤아려 주옵소서.
겸손히 비오니,
이 시간 저의 강한 보호막이 되어 주옵소서.
견딜 수 없을 정도로 고통을 주지는 마시고,
이 지독한 비참함에서 건져 주시든지,
아니면 하나님의 무거운 손과 날카로운 교정하심을
묵묵히 참을 수 있는 은혜를 주옵소서.
바로의 손아귀에서 이스라엘 백성을 구한 것도
하나님의 그 오른 손이었습니다.
얼마나 오랫동안 침묵하시렵니까?
영원히 그러시렵니까?
주님, 주님은 은혜로우시다는 것을 잊어 버리셨습니까?
불쾌하신 나머지 사랑어린 친절을
그만 베풀기로 하셨습니까?
더 이상 탄원을 받지 않으시렵니까?
주님의 자비가 깨끗이 영원토록 사라져 버리고,
주님의 약속이 완전히 영원토록 끝장나 버린 겁니까?
어찌하여 그토록 오랫동안이나 망설이십니까?
제가 주님의 자비 때문에 절망을 해야 합니까?

하나님, 제발 그런 일이 없도록 해주옵소서.
저는 그리스도 예수 안에서 지음 받은,
하나님의 작품입니다.
그러므로 하나님이 뜻하시는
모든 일 속에서 저와 함께 해주시고,
하나님께서 뜻하시는 방식대로
고난도 달게 받게 하옵소서.
오직 비옵기는, 그 동안,
저를 하나님의 두 팔로 품어 주시어,
제가 굳건히 설 수 있도록 해주옵소서.
예수님의 이름으로 기도드립니다.
아멘.

---

*우리가 선을 행하되 낙심하지 말지니 포기하지 아니하면 때가 이르매 거두리라 (갈 6:9); Don't get tired of helping others. You will be rewarded when the time is right, if you don't give up.(Gal 6:9)

희망이 없다고 느낄 때 드리는 치유기도

궁극적 희망
토마스 머튼 (1915-1968)

나의 주님,
오직 주님의 십자가에만
저의 희망이 있습니다.
주님은 스스로를 낮추시어
고난 받고 죽으심으로
모든 헛된 희망에서 저를 구하셨습니다.
주님 안에서 이생의 모든 허영을 죽이시고
모든 영원한 것들을 저에게 주셨습니다.
저의 희망은 눈으로 볼 수 없는 것에 있습니다.
비오니, 눈에 보이는 보상을 바라지 않게 하옵소서.
저의 희망은 인간의 마음으로는
느낄 수 없는 것에 있습니다.
비오니, 마음의 느낌에 흔들리지 않게 하옵소서.
저의 희망은 손으로 만질 수 없는 것에 있습니다.
비오니, 손 안에 쥘 수 있는 것을 믿지 않게 하옵소서.
그것을 쥐더라도
죽음이 그 손을 풀어 놓을 것입니다.
그 때 저의 모든 희망은 사라져 버릴 것입니다.
제가 저 자신이 아니라 주님을 믿게 하옵소서.
저의 희망이 건강이나 힘이나
능력이나 인간적인 자원이 아니라,

오직 주님의 사랑에 있게 하옵소서.
제가 주님을 믿으면,
다른 모든 것이 저에게
힘과 건강과 도움이 될 것입니다.
모든 것이 저를 하늘로 데려갈 것입니다.
제가 주님을 믿지 않으면,
모든 것이 저를 파멸로 이끌 것입니다.
저의 궁극적 희망이 되시는
예수님의 이름으로 기도드립니다.
아멘.

*우리가 소망으로 구원을 얻었으매 보이는 소망이 소망이 아니니 보는 것을 누가 바라리요(롬 8:24); And this hope is what saves us. But if we already have what we hope for, there is no need to keep on hoping.(Ro 8:24)

절망스럽다고 느낄 때 드리는 치유기도

죽음에 이르게 하는 병
죄렌 키에르케고르 (1813-1855)

하늘 아버지시여,
아픔과 슬픔에 빠져 있는 이들을 위하여
중보의 기도를 올립니다.
치명적인 병을 앓고 있는 이들을 위하여
특별히 기도를 올립니다.
비오니, 아직 시간 있을 때,
저마다에게 은혜를 베푸시어,
죽음에 이르게 하는 병이 무엇인지를 알게 하옵소서.
또 이 병을 앓지 않는 사람은
하나도 없음을 깨닫게 하옵소서.
오 주 예수 그리스도시여,
주님은 이 병을 고치러 오셨습니다.
저희 모두가 알고 있는 이 질병,
하지만 스스로 병자라는 사실을 인정하는 사람만이
주님께 치유 받을 수 있는 이 질병,
주님, 저희가 이 병에서 완전히 치유될 때까지
주님을 붙잡게 하옵소서.
오 성령 하나님이시여,
성령께서도 이 질병에 빠져 있는
저희를 도우러 오십니다.

저희가 정직하게 인정만 하면
치료 받을 수 있는 이 병,
성령님, 저희와 함께 하시어
한순간이라도 치유자이신 주님을 떠나
멸망에 빠지지 않게 하옵소서.
주님을 꼭 붙들어 이 질병에서 구원받게 하옵소서.
주님과 함께 있는 것이
이 질병에서 치유 받는 것입니다.
주님과 함께 있을 때
저희는 모든 질병에서 구원을 받을 것입니다.
도우시는 예수님의 이름으로 기도드립니다.
아멘.

*나의 영혼아 잠잠히 하나님만 바라라 무릇 나의 소망이 그로부터 나오는도다(시 62:5); Only God gives inward peace, and I depend on him.(Ps 62:5)

희망과 기적을 창조하는 이야기 치유기도

손님들이 꽉 차서
로버트 스트랜드

　로버트는 지금은 장거리 운송회사를 운영하고 있지만, 이 운수사업을 하기 전에는 스포츠용품을 판매하는 가게를 운영하고 있었습니다. 그러나 동업자도 없는데다가 마을에서 외따로 떨어진 곳에 있는 가게라, 로버트는 외로웠고, 때때로 위험을 느끼기도 하였지요.
　어느 날, 이 문제를 놓고 목사님과 상의하던 로버트는 목사님과 형제들이 와서 자기 가게와 자기를 위하여 기도해 달라고 요청하면 되겠다는 생각이 들었습니다. 그래서 그들은 로버트의 요청대로 기도를 해주었으며, 거기에다가 나쁜 의도를 가진 사람들이 총을 사지 못하게 해달라고 기도했습니다.
　어느 날 오후, 아주 거칠게 생긴 사람이 로버트의 가게로 들어와서 총을 사려고 하였습니다. 가게 앞 창문 유리를 통해 밖을 내다보니, 이 손님과 동행인 듯한 예닐곱 명의 사내들이 가게 앞에 오토바이를 세워놓고 그 위에 앉아 있는 것이 보였지요. 즉각적으로 로버트는 이 손님이 좋은 의도를 가지고 총을 사려고 하는 것이 아니라는 것을 알아 차렸습니다. 그래서 손님에게 총이나 화약을 팔 수 없다고 말했지요. 그러자 화가 머리끝까지 난 그 손님은 자기 오토바이를 타고 친구들에게 따라 오라는 신호를 하고는 그 가게 앞을 떠나면서 창문으로 로버트를 향해 이상한 손가락질을 해댔다.
　다음날 아침, 어제의 그 친구들이 다시 찾아왔습니다. 이번에는 가게에 들어오지 않고 오토바이를 타고 가게 주위를 돌기 시작했습니다. 로버트를 위협하기 위한 것임이 분명했지요. 이 골탕 먹이기는 하루 종일 계속되었습니다. 잠시 가게 주위를 떠나는 듯하다가도 이내 돌아와, 다시 가게 둘레를 돌며 시종 창문 안을 쏘아보았습니다.

가게에 홀로 있던 로버트는 불안한 마음에 기도를 하기 시작했습니다. "주여, 저를 도와주세요! 천사들을 보내시어, 저와 이 가게를 보호해 주세요!"

그로부터 몇 시간이 지나고, 가게 둘레를 돌던 그 가죽 잠바의 사내들이 갑자기 떠났습니다. 그리고는 다시 돌아오지 않았지요.

그 뒤, 로버트 가게의 단골손님 하나가 가게에 들렀습니다. 손님은 그 일이 있던 날 일찍 로버트의 가게에 왔었다고 말했습니다. 하지만 가게 안에는 들어오지 않았는데, 왜냐면 그 때 가게 안에는 많은 손님이 붐볐고, 그 손님들 때문에 로버트는 자기를 상대할 수 없으리라고 생각했기 때문이라고 했습니다.

어? 손님이라니, 그 날은 손님이 한 명도 없었는데!

---

*다니엘이 왕에게 아뢰되 왕이여 원하건대 왕은 만수무강 하옵소서 나의 하나님이 이미 그의 천사를 보내어 사자들의 입을 봉하셨으므로 사자들이 나를 상해하지 못하였사오니 이는 나의 무죄함이 그 앞에 명백함이오며 또 왕이여 나는 왕에게도 해를 끼치지 아니하였나이다 하니라(단 6:21-22); Daniel answered, "Your Majesty, I hope you live forever! My God knew that I was innocent, and he sent an angel to keep the lions from eating me. Your Majesty, I have never done anything to hurt you."(Da 6:21-22)

낙담했을 때 드리는 치유기도

멋진 세상
노만 빈센트 필

하늘에 계신 우리 아버지,
주님께서 저에게 멋진 세상을 주셨습니다.
그 세상에서 제가 창조적으로
그리고 성공적으로 살 수 있도록
정신적, 영성적, 육체적 장치들도 제공해 주셨습니다.
제가 온갖 절망을
다 이겨낼 수 있도록 하여주시니 감사합니다.
제가 날마다 예수 그리스도와 함께
걸을 수 있도록 도와주옵소서.
믿음과 용기를 가지고 그분을 바라보게 하옵소서.
그리스도를 통하여, 그리고 그분의 이름 안에서,
주님께 감사를 드립니다.
찬양하며, 예수님의 이름으로 기도드립니다.
아멘.

*네가 만일 환난 날에 낙담하면 네 힘이 미약함을 보임이니라(잠 24:10); Don't give up and be helpless in times of trouble.(Pr 24:10)

참 자기를 찾고 싶을 때 드리는 치유기도

목마름
성 게르트루디스

아아, 사랑의 하나님,

나의 구주여,

주님은 영원히 감미로운 매력을 가지고 계십니다.

주님은 제 마음의 갈망이시며,

제 지성의 굶주림과 목마름이십니다.

주님을 맛보면 볼수록

저의 굶주림과 목마름은 더하고,

주님의 샘에서 마시면 마실수록

제 갈증은 더욱 심합니다.

오십시오, 주 예수시여, 어서어서 오십시오!

예수님의 이름으로 기도드립니다.

아멘.

---

*오호라 나는 곤고한 사람이로다 이 사망의 몸에서 누가 나를 건져내랴 우리 주 예수 그리스도로 말미암아 하나님께 감사하리로다 그런즉 내 자신이 마음으로는 하나님의 법을 육신으로는 죄의 법을 섬기노라(롬 7:24-25); What a miserable person I am. Who will rescue me from this body that is doomed to die? Thank God! Jesus Christ will rescue me. So with my mind I serve the Law of God, although my selfish desires make me serve the law of sin.(Ro 7:24-25)

완전주의에 사로잡혀 있을 때 드리는 치유기도

적당한 좌절
저자 미상

주님,
저로 하여금
너무 행복하게 만들지 마옵소서.
행복을 하나님과 바꾸지 않도록
적당한 불행을 주옵소서.
주님, 저로 하여금
너무 풍요롭게 만들지 마옵소서.
물질 때문에 정신이 부패하지 않도록
적당한 가난을 주옵소서.
주님, 저로 하여금
너무 권세 있는 이로 만들지 마옵소서.
하나님을 두려워하는 이가 되도록
적당한 좌절을 주옵소서.
주님, 저로 하여금
너무 건강하게 만들지 마옵소서.
축복인 줄 모르고 퇴폐에 몸을 던지지 않도록
적당한 약함을 주옵소서.
비오니, 스스로 완벽하게 살기보다
주님 뜻 안에서 고난도 달게 받게 해주옵소서.
그래서 행복하거나 불행하거나,
건강하거나 병들거나,
늘 주님만을 바라보게 해주옵소서.
언제나 주님만을 섬기게 해주옵소서.
예수님의 이름으로 기도드립니다.
아멘.

*너희가 내 말에 거하면 참으로 내 제자가 되고 진리를 알지니 진리가 너희를 자유롭게 하리라(요 8:31-32); If you keep on obeying what I have said, you truly are my disciples. You will know the truth, and the truth will set you free.(Jn 8:31-32)

내 고집을 꺾기 힘들 때 드리는 치유기도

독가시
빙엔의 힐더가르트 (1098-1179)

주님,
제가 얼마나 완고하고 고집이 센지요!
제 고집을 꺾기가 어찌 이리도 어려운지요!
그런데도 도와주시라고 기도하면,
주님은 아무 응답도 없으신 것 같습니다.
의도적으로 모른 체하시는 건가요?
저 스스로 죄의 가시를 뽑아내기까지
기다리시는 건가요?
그렇습니다.
제 몸에 독이 퍼져
더 이상 손쓸 수 없을 지경이 되기 전에
저는 이 독가시를 파내야 합니다.
그렇지만 주님의 도움 없이는
이 일도 할 수가 없습니다.
어서 도와주옵소서.
예수님의 이름으로 기도드립니다.
아멘.

*감독은 하나님의 청지기로서 책망할 것이 없고 제 고집대로 하지 아니하며 급히 분내지 아니하며 술을 즐기지 아니하며 구타하지 아니하며 더러운 이득을 탐하지 아니하며(딛 1:7); Church officials are in charge of God's work, and so they must also have a good reputation. They must not be bossy, quick-tempered, heavy drinkers, bullies, or dishonest in business.(Tit 1:7)

말로 상처를 주었을 때 드리는 치유기도

재갈
피터 마샬 (1902-1949)

주님,
제 혀에 재갈을 물려주옵소서.
독기어린 비판과 잔인한 판단을 하려 할 때,
갈고리 같은 말로 다른 이들에게 상처를 주고
그걸 보며 통쾌해 하는
못된 심보로부터 저를 지켜 주옵소서.
불친절한 말로부터
그리고 불친절한 침묵으로부터 저를 지켜 주옵소서.
판단하는 일을 자제하게 하옵소서.
저의 비판이 친절하고
너그럽고 건절적인 말이 되게 하옵소서.
부드러운 내면세계를 허락하시어
다른 이들과도 평화롭게 지내며
말할 때나 행할 때나 부드럽게 하옵소서.
제 안에 따뜻한 사랑의 마음을 주시어
악함을 치유할 있는 주님의 능력을,
분쟁을 치유할 수 있는 주님의 평화를,
슬픔을 치유할 수 있는 주님의 기쁨을,
증오를 치유할 수 있는 주님의 자비를,
약함을 치유할 수 있는 주님의 관심을
다른 이들에게 보여줄 수 있게 하옵소서.
예수님의 이름으로 기도드립니다.
아멘.

---

*누구든지 스스로 경건하다 생각하며 자기 혀를 재갈 물리지 아니하고 자기 마음을 속이면 이 사람의 경건은 헛것이라(약 1:26); If you think you are being religious, but can't control your tongue, you are fooling yourself, and everything you do is useless.(Jas 1:26)

성격의 장애를 느낄 때 드리는 치유기도

마음의 병
조지 애플턴 (1902-)

오, 만물을 탐구하시되,
하나님의 깊은 것과 인간의 깊은 것까지도
속속들이 살피시는 성령이시여,
비오니, 마음의 병을 앓고 있는 이들이 지닌
성격의 근원들을 꿰뚫어 보시어,
그들을 깨끗이 하시고 치유하시며
하나 되게 해주옵소서.
온갖 기억을 거룩하게 하시고,
온갖 두려움을 물리치시며,
그들이 마음과 뜻을 다하여
주님을 사랑하게 하심으로써,
그들이 건강해지고,
영원히 주님께 영광을 드릴 수 있도록 해주옵소서.
악한 세력을 쫓아내시고
인간의 마음을 치유하시는,
우리 주 예수 그리스도의 이름으로 기도드립니다.
아멘.

*주께서 심지가 견고한 자를 평강하고 평강하도록 지키시리니 이는 그가 주를 신뢰함이니이다(사 26:3); The LORD gives perfect peace to those whose faith is firm.(Isa 26:3)

가슴에 한이 맺힐 때 드리는 치유기도

한숨
시편 77편

주님,
제가 주님께 소리 높여 부르짖습니다.
부르짖는 이 소리를 들으시고,
저에게 귀를 기울여 주옵소서.
고난당할 때에, 저는 주님을 찾았습니다.
밤새도록 두 손 치켜들고 기도를 올리면서,
제 마음은 위로를 받기조차 마다하였습니다.
제가 하나님을 기억하면서 한숨을 짓습니다.
주님 생각에 골몰하면서,
제 기운은 쇠약하여 갑니다.
주님께서 저를 뜬눈으로 밤을 지새우게 하시니,
제가 지쳐서 말할 힘도 없습니다.
제가 옛날 곧 흘러간 세월을 회상하며
밤새 부르던 제 노래를 생각하면서,
생각에 깊이 잠길 때에,
제 영혼이 속으로 묻습니다.
'주님께서 나를 영원히 버리시는 것일까?
다시는, 은혜를 베풀지 않으시는 것일까?
한결같은 그분의 사랑도 이제는 끊기는 것일까?
그분의 약속도 이제는 영원히 끝나 버린 것일까?
하나님께서 은혜를 베푸시는 일을 잊으신 것일까?
그분의 노여움이 그분의 긍휼을 거두어들이신 것일까?
그 때에 저는 또 이런 생각도 들었습니다.

'가장 높으신 분께서 그 오른손을 거두시는 것,
이것이 나의 슬픔이로구나!'
주님, 주님께서 하신 일을 저는 회상하렵니다.
그 옛날에 주님께서 이루신,
놀라운 그 일들을 기억하렵니다.
주님께서 해주신 모든 일을 하나하나 되뇌고,
주님께서 이루신 그 크신 일들을 깊이깊이 되새기겠습니다.
주님, 주님의 길은 거룩합니다.
주님만큼 위대하신 신이 누구입니까?
주님은 기적을 행하시는 하나님이시니,
주님께서는 주님의 능력을 만방에 알리셨습니다.
주님의 백성을 주님의 팔로 속량하셨습니다.
주님의 백성을 양 떼처럼 이끄시는
예수 그리스도의 이름으로 기도드립니다. 아멘.

---

* 너희는 하나님의 은혜에 이르지 못하는 자가 없도록 하고 또 쓴 뿌리가 나서 괴롭게 하여 많은 사람이 이로 말미암아 더럽게 되지 않게 하며(히 15:12); Make sure that no one misses out on God's wonderful kindness. Don't let anyone become bitter and cause trouble for the rest of you.(Heb 15:12)

용서하지 못하는 사람을 위하여 드리는 치유기도

그리스도의 눈으로
프랜시스 맥너트

예수님,

예수님께서 저희를 바라보시는 것처럼,

저 분노에 찬 형제/자매 ○ ○ ○ 가

그리스도의 눈으로

자신에게 상처 준 사람을

바라볼 수 있도록 도와주옵소서.

또한 예수님께서 저희 죄를 용서하시기 위하여

베풀어 주신 그 사랑을 가지고

그 사람을 사랑할 수 있도록 도와주옵소서.

예수 그리스도의 이름으로 기도드립니다.

아멘.

*누가 누구에게 불만이 있거든 서로 용납하여 피차 용서하되 주께서 너희를 용서하신 것 같이 너희도 그리하고 이 모든 것 위에 사랑을 더하라 이는 온전하게 매는 띠니라(골 3:13-14); Put up with each other, and forgive anyone who does you wrong, just as Christ has forgiven you. Love is more important than anything else. It is what ties everything completely together.(Col 3:13-14)

어린 시절의 상처를 떠올리며 드리는 치유기도

고통스러운 기억
프랜시스 맥너트

하나님,

이 시간

저의 영혼 가운데

상처받은 부분들을 치유해 주옵소서.

하나님, 이제 예수님과 함께

상처를 주었던 과거의

고통스러운 기억의 현장으로

용기를 내어 되돌아가게 하옵소서.

그리하여, 하나님과 함께 걸으며,

제가 치유 받아야 할

모든 정서적인 상처들을

하나하나 치유하여 주옵소서.

예수 그리스도의 이름으로 기도드립니다.

아멘.

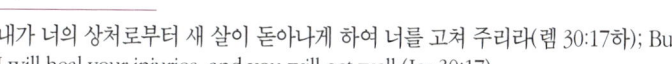

*내가 너의 상처로부터 새 살이 돋아나게 하여 너를 고쳐 주리라(렘 30:17하); But I will heal your injuries, and you will get well.(Jer 30:17)

부모님 생각에 잠 못 이룰 때 드리는 치유기도

후회
윌리엄 바클레이

하나님,
저에게 가정과 부모님을 주셔서 감사합니다.
제가 어려서 스스로를 돌볼 수 없었을 때에
누군가 저를 보살펴 준 것,
스스로 돈을 벌어 생계를 유지할 수 있기 전에
나누어 받았던 음식과 의복과 집,
부모님이 저에게 주신 교육의 기회들,
제가 상처받고 용기를 잃고 우울해 할 때에
가정으로부터 받았던 변함없는 사랑과 동정,
그리고 제가 태어나서부터 여태껏 받아온
모든 사랑에 대하여 감사드립니다.
제가 자라면서 부모님을 속상하게 해드린 일이나
부모님으로부터 멀리 떨어져서
친숙하지 못한 적이 있었다면 모두 용서해 주옵소서.
또 세월이 흐르면서
제가 부모님을 좀 더 이해하고 사랑하고
더욱 가까워질 수 있었던 것에 대해서도 감사를 드립니다.
그러나 부모님이 저에게 주신 것들을
감사하지 못하고 당연한 것이라고 생각했거나,
가정을 제가 필요한 대로만 생각해 받기만 하고
부모님이나 다른 가족들을 위하여
아무것도 한 것이 없다면 저를 용서해 주옵소서.
때로 반항적이고 화를 내고 부모님께 순종하지 않고

말도 안하고 제 뜻대로만 하려고 하고
인내하지 못한 적이 있었다면,
모두 용서해 주옵소서.
제가 부모님께 받은 것들을 모두 갚을 수는 없을지라도,
최소한 은혜를 갚으려고 노력하고
고마움을 표현하기 위하여
무언가를 할 수 있도록 도와주옵소서.
제가 가정과 부모님을 훌륭하게 생각하고 사랑하고
또 그분들을 사랑하고 있음을 충분히 내보임으로써,
언젠가 부모님이 세상을 떠나고 안 계실 때
뒤돌아보며 후회하는 일이 없도록 도와주옵소서.
예수님의 이름으로 기도드립니다.
아멘.

---

*내 아들아 내 말에 주의하며 내가 말하는 것에 네 귀를 기울이라 그것을 네 눈에서 떠나게 하지 말며 네 마음속에 지키라 그것은 얻는 자에게 생명이 되며 그의 온 육체의 건강이 됨이니라(잠 4:22-24); My child, listen carefully to everything I say. Don't forget a single word, but think about it all. Knowing these teachings will mean true life and good health for you.(Pr 4:22-24)

희망과 기적을 창조하는 이야기 치유기도

아버지의 용서
로버트 스트랜드

　어느 추운 겨울날 저녁, 한 남자가 심장 마비를 일으켜 병원에 입원하게 되었습니다. 응급실에서 간단한 조치를 받고 병실로 옮겨지자, 그는 딸에게 전화를 해달라고 간호사에게 부탁했습니다. "이보시오, 난 혼자 살고 있소. 그리고 그 애는 내 유일한 가족이오."

　간호사는 딸에게 전화를 했습니다. 그러자 딸은 몹시 놀라며 전화기에 대고 거의 울부짖으며 말했습니다. "아버지를 제발 살려 주세요! 전 아버지와 일 년 전쯤에 심한 말다툼을 했거든요. 정말 용서를 빌고 싶었는데 그 뒤로 몇 달이나 아버지를 뵙지 못했어요. 제가 아버지에게 마지막으로 했던 말은 '아버지를 증오해요'라는 말이었어요." 잠시 동안 침묵이 흘렀습니다. 그리고는 딸의 울음소리가 들려왔습니다. 그녀는 울면서 말했습니다. "지금 갈께요. 30분이면 도착할 거예요."

　얼마 뒤, 환자의 심장 박동이 멈추어 간다는 경보가 울렸습니다. 전화를 걸었던 간호사는 기도했습니다. "오, 하나님. 이분 딸이 오고 있어요. 이렇게 끝내지는 마세요." 결국 환자를 살리려는 의료진들의 노력은 수포로 돌아갔습니다. 아드레날린을 주사하고 심장이 움직이도록 전기 충격을 주었지만 소용이 없었습니다. 환자는 죽고 말았습니다.

　간호사는 병실 밖에서 의사와 환자의 딸이 이야기하는 것을 들었습니다. 딸의 애처로운 얼굴에는 슬픔으로 인한 고통이 나타나 있었습니다. 간호사는 다가가서 그 젊은 여인을 한쪽 옆으로 데려가 말했습니다. "상심이 크시겠어요." 딸은 대답했습니다. "전 아버지를 한 번도 미워한 적이 없어요. 이제 아버지를 뵈러 가야겠어요."

간호사는 속으로 생각했습니다: '왜 자신을 더 괴롭히려 하지요?' 하지만 차마 말로는 못하고 그 젊은 여인을 병실로 데려갔습니다. 딸은 침대로 다가가 시트에 얼굴을 묻고 이제는 움직이지 않는 아버지에게 흐느끼며 마지막 인사를 했습니다. 간호사는 그 슬픈 이별을 보지 않으려고 시선을 돌리다가 침대 옆에 종이쪽지가 있는 것을 발견하고는, 그것을 슬픔에 빠져 있는 딸에게 건네주었습니다. 거긴 이렇게 쓰여 있었죠. "내 가장 사랑하는 도나, 널 용서한단다. 너도 나를 용서하렴. 네가 날 사랑하는 것처럼 나도 너를 사랑한단다. 아빠로부터."

---

*서로 친절하게 하며 불쌍히 여기며 서로 용서하기를 하나님이 그리스도 안에서 너희를 용서하심과 같이 하라(엡4:32); Instead, be kind and merciful, and forgive others, just as God forgave you because of Christ.(Eph 4:32)

어머니로서 살아온 길을 되돌아보며 드리는 치유기도

집안일
윌리엄 바클레이

하나님,
하나님께서 저에게 세상에서 가장 중요한 직분인
가정을 꾸미고 돌보는 일을 주셨음을
늘 기억할 수 있도록 도와주옵소서.
잠자리를 챙기는 일이나
세탁, 요리, 청소, 의복, 수선,
시장을 보는 일 등에 지치고 실증이 날 때,
늘 이 사실을 기억하게 해주옵소서.
그리고 똑같은 일이 날마다 반복되는 것이 싫어지거나
육체적으로 피곤할 때에도,
하나님이 맡기신 이 소중한 직분을
잊지 않도록 보살펴 주옵소서.
화를 내거나 참을성이 없어지거나 불안해하지 않으며
늘 온화할 수 있도록 저를 붙들어 주옵소서.
제 남편과 아이들이 저를 필요로 한다는 것을 잊지 않으며,
또 제가 집안일을 하는 것을 그들이 당연하게 생각하더라도,
그들 때문에 더 많은 일이 생기더라도,
그들이 저에게 신경을 쓰지 않을 때라도,
기분이 상하거나 화를 내지 않도록 도와주옵소서.

가족들이 편히 쉬고 안락을 찾기 위하여
기꺼이 돌아올 수 있는 그런 가정을 꾸미게 하시고,
아이들이 자라서 자신들의 가정을 꾸릴 때
자기가 자라난 가정에 대하여
행복했던 기억만을 가질 수 있도록 도와주옵소서.
예수님의 이름으로 기도드립니다.
아멘.

---

* 이는 네 속에 거짓이 없는 믿음이 있음을 생각함이라 이 믿음은 먼저 네 외조모 로이스와 네 어머니 유니게 속에 있더니 네 속에도 있는 줄을 확신하노라(딤후 1:5); I also remember the genuine faith of your mother Eunice. Your grandmother Lois had the same sort of faith, and I am sure that you have it as well.(2 Ti 1:5)

부부간에 갈등이 생겼을 때 드리는 치유기도

처음처럼
노만 빈센트 필

주님,
저희가 처음 만났을 때,
큰 사랑이 저희 사이에서 자라기 시작했을 때,
그 때를 기억할 수 있도록 도와주옵소서.
저희가 현재의 오해들을
풀어나갈 수 있도록 도와주옵소서.
서로가 상대방에게서
좋은 것들만 볼 수 있도록 도와주옵소서.
긍정적인 생각을 하도록 도와주시고,
주님의 도우심으로,
저희 문제들에 대한 해답을 발견할 수 있게 하옵소서.
서로가 혀를 조심하게 하시고,
불친절한 비판이나 날카로운 말대꾸를
자제할 수 있도록 도와주옵소서.
저희가 친절하고 사랑이 넘치는 말을 하도록 도와주시고,
서로에게 용서를 구할 수 있을 만큼
큰 그릇이 되게 하옵소서.
저희의 결혼생활을 주님의 손에 맡깁니다.
감사하며, 예수님의 이름으로 기도드립니다.
아멘.

---

*남편들아 이와 같이 지식을 따라 너희 아내와 동거하고 그를 더 연약한 그릇이요 또 생명의 은혜를 함께 이어받을 자로 알아 귀히 여기라(벧전 3:7); If you are a husband, you should be thoughtful of your wife. Treat her with honor, because she isn't as strong as you are, and she shares with you in the gift of life.(1 Pe 3:7)

가족 간의 관계가 힘이 들 때 드리는 치유기도

한 마음, 한 가족
노만 빈센트 필

주님,
지금 저를 짜증나게 하는 가족들에게서
좋은 점을 찾아낼 수 있도록 도와주옵소서.
그리스도께서 저에게 그러셨던 것처럼,
저도 가족들에게 관대함을 베풀게 하옵소서.
점점 더 커져가는 적대감을 제거해 주시고,
사랑과 이해가 점점 더 커지기를 간구합니다.
저희들 각자가 자신의 마음을 살필 수 있게 하시고,
자기의 결점을 정직하게 인정하도록 하옵소서.
가족들 사이에 진정한 행복이 임할 수 있음을
저희가 알게 하옵소서.
예수 그리스도의 이름을 통하여
저희가 한 마음으로 한 가족을 이룰 수 있게 하옵소서.
예수님의 이름으로 기도드립니다.
아멘.

*무엇보다도 뜨겁게 서로 사랑할지니 사랑은 허다한 죄를 덮느니라(벧전 4:8);
Most important of all, you must sincerely love each other, because love wipes away many sins.(1 Pe 4:8)

> 자녀가 문제일 때 드리는 치유기도

자제력
노만 빈센트 필

주님,
저는 아이들을 사랑하지만,
아이들은 저를 미치게 만듭니다.
저는 자제력을 잃고 맙니다.
도움이 필요합니다.
주님, 제 자신이 엉망일 경우
어린 아이들을 제대로
인도할 수 없다는 사실을 깨닫게 됩니다.
제가 아이들에게 화를 내거나
소리를 치지 않도록 도와주옵소서.
오 주님, 저에게 유머감각을 주시고,
아이들의 쉴 새 없는 에너지가
곧 생명력의 증거이자
발달 단계의 일부라는 사실을 알게 하옵소서.
제가 지치거나 당황하지 않게 하시고,
기쁜 맘으로 그들과의 관계 속으로
뛰어들 수 있도록 도와주옵소서.
제게 아이들을 주셔서 감사합니다.
하지만 주님,
그 아이들이 저를 끌어내리지 않게 하옵소서.
예수님의 이름으로 기도드립니다.
아멘.

---

*또 아비들아 너희 자녀를 노엽게 하지 말고 오직 주의 교훈과 훈계로 양육하라 (엡 6:4); Parents, don't be hard on your children. Raise them properly. Teach them and instruct them about the Lord.(Eph 6:4)

문득 나이가 들었음을 느낄 때 드리는 치유기도

한창 나이에
떼이야르 드 샤르댕(1881-1955)

히스기야의 병을 치료하신 주 하나님,
저는 한창 나이에
죽음의 문으로 들어가는가 싶었습니다.
남은 생을 빼앗긴다는 생각도 들었습니다.
주님, 저는 제비처럼 학처럼 애타게 소리 지르고,
비둘기처럼 구슬피 울었습니다.
저는 눈이 멀도록 하늘을 우러러 보았습니다.
주님, 저는 괴롭습니다.
이 고통에서 저를 건져 주옵소서.
저의 영혼이 번민에 쌓여 있으므로,
제가 잠을 이룰 수 없습니다.
주님, 주님을 섬기고 살겠습니다.
주님만 섬기겠습니다.
저를 낫게 하시어, 다시 일어나게 해주옵소서.
이 아픔이 평안으로 바뀌게 해주옵소서.
이 몸을 멸망의 구덩이에서 건져 주시고,
저의 모든 죄를 용서해 주옵소서.
주님, 저의 병을 낫게 해주옵소서.
그리하면 제가 수금을 뜯으며 주님을 찬양하겠습니다.
사는 날 동안,
주님의 성전에서 주님을 찬양하겠습니다.
예수님의 이름으로 기도드립니다.
아멘.

---

*나의 하나님이여 나의 중년에 나를 데려가지 마옵소서 주의 연대는 대대에 무궁하니이다(시 102:24); You will live forever! Years mean nothing to you. Don't cut my life in half!(Ps 102:24)

자녀교육의 어려움을 느낄 때 드리는 치유기도

이런 자녀
맥아더

주님,
이런 자녀를 주옵소서.
약할 때 스스로를 분별할 수 있는
힘과 두려움 속에서도
자신감을 잃지 않는 대담함을 가지고,
정직한 패배에 부끄러워하지 않으며,
승리에 겸손하고 온유한 자녀를 저에게 주옵소서.
노력 없이 대가를 바라지 않게 하시고,
주님을 섬기며 주님을 아는 것이
지혜의 근본임을 깨닫게 해주옵소서.
비오니, 쉬운 안락의 길로 인도하지 마시고,
고난과 역경에 대해 분투 항거하게 해주옵소서.
그리하여 폭풍우 속에서도 용감히 싸울 줄 알고,
패자를 불쌍히 여기게 해주옵소서.
마음을 깨끗이 하고 목표가 고상하며,
남을 정복하려고 하기 전에
먼저 자기 자신을 다스릴 줄 알고,
미래에 도전하면서 과거를 잊지 않는
자녀를 저에게 주옵소서.
그러고 나서 이에 더하여 비오니,
유머를 알게 하시고,

항상 진지하되 자기 자신을 너무 중히 여기지 말며,
겸손한 마음을 갖게 해 주옵소서.
또한 참으로 위대한 것은 소박하다는 것과,
진실로 현명한 것은 솔직하다는 것,
그리고 참된 힘은 온유함이라는 것을 명심하게 해주옵소서.
그리하여 아비 된 저로서도
"내 인생을 결코 헛되이 살지 않았노라'고
나직이 고백할 수 있도록 도와주옵소서.
예수님의 이름으로 기도드립니다. 아멘.

---

*너희가 전에는 어둠이더니 이제는 주 안에서 빛이라 빛의 자녀들처럼 행하라(엡 5:8) ; You used to be like people living in the dark, but now you are people of the light because you belong to the Lord. So act like people of the light.(Eph 5:8)

직장생활이 힘들 때 드리는 치유기도

기대와 설렘을 안고
저자 미상

주님,
매일 아침 기대와 설렘을 안고
하루를 시작할 수 있게 하옵소서.
항상 미소를 잃지 않게 하시어
나 때문에 남들이 얼굴 찡그리지 않게 하옵소서.
윗사람과 선배를 존경하고
아울러 동료와 아랫사람을 사랑할 수 있게 하시고
아부와 질시를,
교만과 비굴함을 멀리하게 하옵소서.
하루에 한 번쯤은 하늘을 쳐다보고
넓은 바다를 상상할 수 있는 마음의 여유를 주시고
일주일에 몇 시간쯤은 한 권의 책과
친구와 가족과 더불어 보낼 수 있는
오붓한 시간을 갖게 하옵소서.
한 가지 이상의 취미를 갖게 하시어
한 달에 하루쯤은 지나온 나날들을 반성하고
미래와 인생을 설계할 수 있는
시인인 동시에 철학자가 되게 해주옵소서.
작은 일에도 감동할 수 있는 순수함과
큰일에도 두려워하지 않는 대범함을 지니게 하시고
적극적이고 치밀하면서도
다정다감한 사람이 되게 하옵소서.
나 자신의 실수를 솔직히 시인할 수 있는 용기와

남의 허물을 따뜻이 감싸줄 수 있는 포용력과
고난을 끈기 있게 참을 수 있는
인내를 더욱 길러 주옵소서.
직장인으로서 홍역의 날들을 무사히 넘기게 해주시고
남보다 한 발 앞서감이
영원한 앞서감이 아님을 인식하게 하시고
또한 한 걸음 뒤쳐짐이
영원한 뒤쳐짐이 아님을 알게 하옵소서.
자기반성을 위한 노력을 게을리 하지 않게 하시고
늘 창의력과 상상력이 풍부한 사람이 되게 하시고
매사에 충실하여 나태에 빠지지 않게 해주시고
매일 보람과 즐거움으로
충만한 하루를 마감할 수 있게 하여 주옵소서.
그리하여 이 직장을 그만 두는 날,
또는 생을 마감하는 날에,
과거는 전부 아름다웠던 것처럼
내가 만나고 헤어지고 혹은 다투고 이야기 나눈
모든 사람들을 떠올리며
살며시 미소 짓게 해주옵소서.
예수님의 이름으로 기도드립니다.
아멘.

---

*형제를 사랑하여 서로 우애하고 존경하기를 서로 먼저 하며 부지런하여 게으르지 말고 열심을 품고 주를 섬기라(롬 12:10-11); Love each other as brothers and sisters and honor others more than you do yourself. Never give up. Eagerly follow the Holy Spirit and serve the Lord.(Ro 12:10-11)

> 중년의 위기를 만났을 때 드리는 치유기도

나이 든 자국
시편 38편

주님,
제 몸에 하나둘
나이 든 자국이 생길 때,
그리고 이 자국들이 제 마음을 흔들어 놓을 때,
저를 조금씩 움츠러들게 하고
쇠잔하게 하는 질병이
몸 이곳저곳에서 생겨날 때,
문득 저도 병들고 늙어 가는 것 같아 두려워질 때,
그리고 무엇보다도 저를 만들어 왔던
알지 못하는 위대한 힘들의 손길 안에서
저 자신을 잃어 가고 있으며
마침내 그것도 속수무책
당할 수밖에 없음을 느낄 때,
오 주님, 이 캄캄한 순간에 제가 알게 하옵소서.
이 모든 것이 바로
하나님께서 저를 데려가시기 위하여
제 존재의 중심으로 들어오시어
조금씩 분해시키시는 과정인 것을!
이 과정에서 하나님도 저만큼이나
아파하고 계시다는 것을!
예수님의 이름으로 기도드립니다.
아멘.

*우리의 연수가 칠십이요 강건하면 팔십이라도 그 연수의 자랑은 수고와 슬픔뿐이요 신속히 가니 우리가 날아가나이다(시 90:10); We can expect seventy years, or maybe eighty, if we are healthy, but even our best years bring trouble and sorrow. Suddenly our time is up, and we disappear.(Ps 90:10)

노년의 위기를 만났을 때 드리는 치유기도

이승과 저승
조지 애플턴 (1902-)

주님,
저는 늙어 가고 있습니다.
예전보다 행동이 굼뜨고,
기억력도 신통치 않습니다.
노년의 무능력과 초조함이 저를 압도해 옵니다.
웃기는 이야기라고 열심히 했는데,
곰곰이 생각해 보면 전에 했던 이야기들입니다.
사랑했던 이들과 친구들이
이승과 저승의 문턱을 넘나들며
하나씩 하나씩 사라져 갑니다.
주 하나님, 기도 안에서 제가 그들과,
그리고 그들이 저와 만날 수 있는지 감히 여쭙고 싶습니다.
저희에게 사랑을 가져다주신 성자께서
저희의 사랑을 그들에게 전달해 주시기를 부탁드립니다.
지금도 이 창조 세계와 생명으로 충일한 세계에
널리 영향을 미치시는
예수님의 이름으로 기도드립니다.
아멘.

---

*우리에게 우리 날 계수함을 가르치사 지혜로운 마음을 얻게 하소서(시 90:12); Teach us to use wisely all the time we have.(Ps 90:12)

죽음을 받아들일 수 없을 때 드리는 치유기도

날마다 죽어라
조지 애플턴 (1902-)

오 하나님,
하나님의 피조물인 저는
죽음의 사실을 면하려고 애를 쓰고,
그것을 일부러 마음에 두려 하지 않지만,
내면 깊은 곳에서 저는 그것이야말로 경고의 징표이며,
저의 온갖 이기심과 죄에 대하여
날마다 죽으라는 촉구임을 알고 있습니다.
삶은 하나님의 성자이시며
제 영혼의 친구이신 예수 그리스도,
곧 너무도 명백히 하나님의 참 성자이시고
너무도 확실히 궁극적 인류의 원형이신
그분 안에서처럼 제 안에서도 강렬하기 그지없습니다.
그러므로 간절히 비오니,
제가 마지막으로 이 땅을 떠날 시간이 다가올 때,
제가 큰 걸음으로 죽음을 취하게 해주옵소서.
인간의 생사화복을 주관하시는
우리 구주 예수 그리스도의 이름으로 기도드립니다.
아멘.

---

*하나님이 세상을 이처럼 사랑하사 독생자를 주셨으니 이는 그를 믿는 자마다 멸망하지 않고 영생을 얻게 하려 하심이라(요 3:16); God loved the people of this world so much that he gave his only Son, so that everyone who has faith in him will have eternal life and never really die.(Jn 3:16)

주님의 길을 따르기가 어렵다고 생각될 때 드리는 치유기도

골고다의 길
헨리 나우웬

주님,
주님의 길을 수용하기가
너무나 어렵습니다.
주님은 집을 멀리 떠나 태어난
조그맣고 힘없는 아기로
저에게 다가오십니다.
주님은 저를 위하여
주님의 땅에서 나그네처럼 사십니다.
주님은 저를 위하여
자신의 백성에게 배반당하시고,
자신의 친구들에게 오해받으시고,
자신의 하나님께 버림받으시는 느낌 속에서,
성문 밖으로 끌려나와
범죄자로 죽으십니다.
비오니, 주님 가신 길,
십자가의 길, 골고다의 길을
저도 따라가게 하옵소서.
예수님의 이름으로 기도드립니다.
아멘.

*그들에게 이르시되 기록된 바 내 집은 기도하는 집이라 일컬음을 받으리라 하였거늘 너희는 강도의 소굴을 만드는도다 하시니라(마 21:13); He told them, "The Scriptures say, 'My house should be called a place of worship.' But you have turned it into a place where robbers hide."(Mt 21:13)

희망과 기적을 창조하는 이야기 치유기도

빈 의자
로버트 스트랜드

어느 스코틀랜드 노인이 몹시 아팠습니다. 그래서 그 노인을 위하여 가족들이 목사님을 모셔왔지요. 이윽고 노인이 누워 있는 침실에 들어와 의자에 앉으려던 목사님은 침대 반대편에 바짝 붙어 있는 다른 의자를 주의 깊게 쳐다봤습니다.

"안녕하십니까, 도날드 씨! 아마 오늘 제가 첫 손님이 아닌가 봅니다!" 목사님이 인사를 건넸습니다.

그 말을 들은 노인은 무슨 말인지 몰라 어리둥절해 하다가 목사님이 고개 짓으로 가리키는 빈 의자를 보고는 이내 무슨 말인지 깨달았습니다. "아, 이 의자요! 목사님, 이 의자 얘기 한번 들어보시겠습니까? 몇 년 전까지만 해도 저에게 기도한다는 것은 무척이나 어려운 일이었습니다. 그래서 저는 목사님에게 가서 상담을 했지요. 그러자 목사님께서는 기도할 때 꼭 무릎을 꿇거나 경건한 장소를 찾을 필요는 없다고 하시더군요. 다만 내 앞에 의자를 하나 갖다놓고 그 의자와 마주 앉은 다음, 마치 내 맞은 편 의자에 예수님께서 앉아 계시다는 생각으로 기도하라고 하셨습니다. 친구에게 이야기하듯이요. 그 뒤로 전 쭉 이렇게 기도해 왔답니다."

그 뒤 얼마 지나지 않아 목사님은 딸의 요청으로 그 노인의 집에 다시 가게 되었습니다. 그 노인이 죽었기 때문이지요. 아버지가 그렇게 쉽게 돌아가시리라 생각지 않았기 때문에 딸은 꽤나 큰 충격을 받았습니다.

"아버지가 너무나 편히 잠드신 것 같았기 때문에 잠시 밖에 나가 한두 시간 정도 눈을 붙이고 다시 와 보니 돌아가셨더라구요. 그런데 아버지의 손이 침대 밖으로 나와서 빈 의자에 올려져 있었어요. 참, 이상하지 않아요?" "아니, 전혀요!" 목사님이 말했습니다. "전 이해합니다."

우리 모두에게 기도와 예수님의 존재는 그 노인의 경우만큼이나 실제적이고 가깝지요. 예수님은 우리가 기도할 때 언제나 우리 곁에 가까이 오셔서 우리의 기도를 들어주신다는 것을 마음으로부터 진정 깨달아야 합니다. 하지만 종종 우리는 마치 예수님이 우리가 가장 그를 필요로 하는 순간에 우리를 전혀 돌봐줄 수 없는 그런 먼 곳에 계신 것처럼 여기곤 하지요. 우리는 어느 때이건 간에 죽음과 마주하게 됩니다. 그러나 그러한 순간에도 우리는 우리의 삶을 멈출 수 없지요.

손을 뻗어 예수님과 손을 맞잡고 영원한 나라에 들어가는 것, 이것이야말로 얼마나 편안한 일인가요!

---

*내일 일을 너희가 알지 못하는도다 너희 생명이 무엇이냐 너희는 잠깐 보이다가 없어지는 안개니라(약 4:14); What do you know about tomorrow? How can you be so sure about your life? It is nothing more than mist that appears for only a little while before it disappears.(Jas 4:14)

삶의 무의미함을 느낄 때 드리는 치유기도

주님이 아니시면
맨발의 성자 이현필

성부이신 주님,
제 삶의 근본이 되시며
삶의 의미가 되시는 주님이시여,
주님이 아니시면 저에게는 삶의 목적도 없고,
의미도 낙도 광명도 없습니다.
주님 안에 삶의 목표가 있으며,
주님이 삶의 의미가 되십니다.
주님께서 제 안에 계심으로 제가 살았습니다.
제가 주님께로 가는 것이 저의 목적이고,
주님과 같이 되는 것이 저의 희망과 즐거움입니다.
지혜 있고 훌륭한 이로 사람들에게 알려지기보다는
차라리 미련한 이가 되어
주님 안에 있게 되기를 바랍니다.
죄를 깨닫고 자복하는 이가 될까요,
주님의 사유하심을 증거하는 이가 될까요?
주님의 깊은 뜻을 조금도 모르는 제가 아닙니까?
아시다시피 사람과 가까이 함으로 얻어질 것도 없고
도리어 신앙의 동요 덕에 손상이 있을지언정
도움은 조금도 없습니다.
단지 성부께만 가까이 나아갈 때
담대함과 용기와 능력과 지혜와 덕과 완전과 영생을 얻습니다.
주님, 저에게 회개를 주옵소서.
생명 얻는 회개를 주옵소서.

주님, 제 가슴에 탄식을 주옵소서.
회개를 못해 탄식케 하옵소서.
부끄러워할 줄 알게 하옵소서.
제 죄를, 진정으로 제 어리석음을 내놓게 하옵소서.
제 지혜를 버리게 하옵소서.
제 주장, 제 고집을 버리게 하옵소서.
오직 주님 생각만 받아들이게 해주옵소서.
주님만 모셔 들이게 해주옵소서.
주님의 주장으로 제 주장을 삼게 하시고,
주님의 뜻을 받들어 저의 뜻이 되게 하시고
주님의 지혜가 저의 지혜가 되게 하옵소서.
주님의 애통이 저의 애통이 되기를 빌며,
예수님의 이름으로 기도드립니다.
아멘.

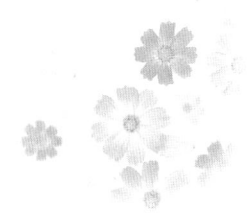

---

*내가 온 것은 양으로 생명을 얻게 하고 더 풍성히 얻게 하려는 것이라(요 10:10);
I came so that everyone would have life, and have it in its fullest.(Jn 10:10)

주님과 함께 하루를 시작하고 싶을 때 드리는 치유기도

오늘도 종일 주님과 함께
헨리 나우웬

주님,
오늘도 종일
주님과 함께 살게 해주옵소서.
오늘도 저에게
주님의 말씀 안에 있는 지혜를 주시고,
주님의 마음 안에 있는 사랑을 주시며,
주님의 손 안에 있는 도움을 주옵소서.
오늘도 저에게 사람들을 대할 때
주님의 인내를 주시고,
경멸과 모욕과 상처를 당할 때
괘씸한 생각이나 화를 내지 않도록
주님의 능력을 베푸시며,
늘 용서할 수 있는 힘을 주옵소서.
그리하여 비록 희미하게나마,
그들이 저에게서
주님을 볼 수 있도록 해주옵소서.
예수님의 이름으로 기도드립니다.
아멘.

*예수께서 이르시되 내가 심판하러 이 세상에 왔으니 보지 못하는 자들은 보게 하고 보는 자들은 맹인이 되게 하려 함이라 하시니(요 9:39); Jesus told him, "I came to judge the people of this world. I am here to give sight to the blind and to make blind everyone who can see."(Jn 9:39)

주님께 집중할 수 없을 때 드리는 치유기도

더 깊이, 더 멀리
헨리 나우웬

주님,
저는 지금 지독한
내적 근심과 혼란 속에 빠져 있습니다.
주님께 집중할 수 없고,
마음 중심이 흔들리고,
마치 주님이 저를 버려두고
떠나신 것 같은 의심이 듭니다.
그러나 제가 느끼거나
이해하지 못하는 방법으로
주님이 제 안에서 일하시리라는 생각에
위로를 받습니다.
믿음 안에서 주님을 붙잡습니다.
비오니, 주님의 영은
제 마음과 생각보다
더 깊이, 더 멀리 닿는다는 것을,
그 심오한 움직임은
쉽게 알아차릴 수 없다는 것을
제가 알게 하옵소서.
예수님의 이름으로 기도드립니다.
아멘.

---

*예수께 이르러 그 귀신 들렸던 자 곧 군대 귀신 지폈던 자가 옷을 입고 정신이 온전하여 앉은 것을 보고 두려워하더라(막 5:15); When they came to Jesus, they saw the man who had once been full of demons. He was sitting there with his clothes on and in his right mind, and they were terrified.(Mk 5:15)

주님의 현존을 느낄 수 없을 때 드리는 치유기도

주님의 현존
헨리 나우웬

저의 하나님이시며
구세주이시고 그리스도이신 주님,
제가 밤낮으로 주님께 간구하는 것은
단 한 가지입니다.
비오니,
저에게 자비를 베푸시어
제 안에서 주님의 현존을 느끼게 하옵소서.
주님, 저에게 자비를 베푸시어
제가 참 회개에 이르도록
이끌어 주옵소서.
주님, 저에게 자비를 베푸시어
정직하고 겸허한 기도에 이르도록
이끌어 주옵소서.
주님, 저에게 자비를 베푸시어
자연스레 흘러나오는 관대함에 이르도록
이끌어 주옵소서.
예수님의 이름으로 기도드립니다.
아멘.

*진실로 진실로 너희에게 이르노니 사람이 내 말을 지키면 영원히 죽음을 보지 아니하리라(요 8:51); "I tell you for certain that if you obey my words, you will never die." (Jn 8:51)

영적인 갈증을 느낄 때 드리는 치유기도

파수꾼이 아침을 기다림보다
시편 130편

주님,
제가 깊은 구렁 속에서 주님을 불렀습니다.
주님, 제 소리를 들어 주옵소서.
저의 애원하는 소리에 귀를 기울여 주옵소서.
주님, 주님께서 죄를 지켜보고 계시면,
주님 앞에 누가 감히 버티어 설 수 있겠습니까?
용서는 주님만이 하실 수 있는 것이므로,
제가 주님만을 경외합니다.
제가 주님을 기다립니다.
제 영혼이 주님을 기다리며,
제가 주님의 말씀만을 바랍니다.
제 영혼이 주님을 기다림이
파수꾼이 아침을 기다림보다 더 간절합니다.
파수꾼이 아침을 기다림보다 더 간절합니다.
주님, 주님만을 의지합니다.
주님께만 인자하심이 있고,
속량하시는 큰 능력도 주님께만 있습니다.
오직 주님만이 저를 모든 죄에서 속량하시고,
깨끗하게 낫게 해주실 것입니다.
감사하며, 예수님의 이름으로 기도드립니다.
아멘.

---

*하나님이여 사슴이 시냇물을 찾기에 갈급함 같이 내 영혼이 주를 찾기에 갈급하니이다(시 42:1); As a deer gets thirsty for streams of water, I truly am thirsty for you, my God.(Ps 42:1)

주님을 뵙고 싶을 때 드리는 치유기도

촛불
교사 시므온 (949-1022)

주님,
주님의 얼굴,
그 아름다우심을 어떻게 묘사해야 하나요?
우주도 주님을 담아내지 못하는데,
어찌 인간의 언어로 담아낼 수 있을까요!
인류에 대한 주님의 사랑이 얼마나 크신지
누가 감히 표현할 수 있을까요!
최근에 저는 편안히 앉아
가물거리는 촛불 곁에서
성경을 읽고 있었습니다.
촛불이 저를 끌어안으려는 느낌을 받는 순간,
그것이 주님이시라는 사실을 깨달았습니다.
주님께서 저를 끌어안으셨습니다.
주님의 빛과 따뜻한 체온이 방안을 가득 메웠고,
주님의 팔이 저를 감싸 주셨습니다.
땅에 있던 제 방이 하늘나라가 되었고,
제 집은 천국 대궐로 변하였습니다.
저도 모르게 마음 깊은 곳에서 소리쳤습니다.
"주님, 저를 긍휼히 여겨 주옵소서.
저에게 자비를 베풀어 주옵소서.
제가 주님을 진솔하게 섬기지 못하였습니다."

소리치며 울 때
저는 주님의 자비를 느꼈습니다.
주님께서는 제 영혼을 치유하시는 의사이십니다.
이제, 주님의 방문하심을 기억하며
땅에 조아려 주님을 경배합니다.
이제야 알겠습니다.
이 어둡고 죄 많은 세상에서
사랑 가득하신 주님의 빛이
가물거리는 촛불이라는 것을!
그러나 제 영혼 안에서
주님의 거룩하신 빛은 환하게 빛나고 있습니다.
주님을 저에게 드러내 주시니 감사할 따름입니다.
오 주님, 저는 주님을 뵈었습니다.
오 주님, 다시 한 번 주님을 뵙게 하옵소서.
예수님의 이름으로 기도드립니다.
아멘.

---

*내 영혼이 하나님 곧 살아 계시는 하나님을 갈망하나니 내가 어느 때에 나아가서 하나님의 얼굴을 뵈올까(시 42:2); In my heart, I am thirsty for you, the living God. When will I see your face?(Ps 42:2)

희망과 기적을 창조하는 이야기 치유기도

기숙사의 천사
로버트 스트랜드

복음주의자인 프랭키 워커가 이 이야기를 나에게 직접 해주었습니다.

한 번은 내가 전도 사역을 마치고 돌아와 성경 학교에서 가르치며 상담도 했고, 스무 명 가량의 여자 기숙생들의 어머니 역할도 했었습니다.

어느 날 저녁, 우리 교회의 요청으로 다른 주에서 올 자매를 데리러 가느라 한 시간 반 정도 기숙사 소녀들 곁을 떠나야만 했지요. 주차장에서 차를 몰고 나왔을 때 밤은 깊었고 기숙사에서 조금 떨어진 도로에 빠져 나오자 갑자기 밀려드는 불안함으로 가슴이 답답했습니다. 소녀들을 두고 떠나는 것이 몹시 마음에 걸렸던 거지요.

나는 기도했습니다. "하나님, 제가 어떻게 해야 합니까? 다시 돌아갈 수는 없습니다. 공항으로 누군가는 마중을 가야 합니다."

나는 하나님의 음성을 들었습니다. "기숙사를 보호할 천사들을 두마!"

나는 나중에 기숙사에 돌아오자마자 서둘러 올라와 함께 잠들어 있을 소녀들이 잘 있는지 살피러 갔습니다. 그런데 소녀들은 마루에 앉아서 다같이 노래를 부르고 있었지요. 그리고 계단 꼭대기에는 잠깐 감독을 부탁했던 소녀가 있었답니다.

"선생님, 저희가 자고 있지 않아서 놀라셨죠? 어떻게 된 일인지 말씀 드릴게요. 선생님이 떠나신 뒤에 일을 마친 한 학생이 찾아 왔어요. 그 애가 '왜 워커 선생님은 창가에 서서 커튼을 연 채 주차장만 계속 바라보고 계시죠? 그런 적이 없었는데……선생님은 언제나 밤엔 커튼을 닫으시잖아요.' 그 말을 듣고 우리들은 웃으며 말했어요. 선생님은 공항에 가셨으니까 너는 헛것을 보았다고 말예요."

그 소녀는 계속 이야기를 이어나갔습니다.

"우리가 얘기를 계속 하고 있는데 두 번째 트럭이 도착했고 세 명의 학생이 더 돌아왔어요. 그 가운데 한 명이 묻더군요. '워커 선생님이 커튼을 연 채 주차장을 보면서 뭘 하시는 거지?' 하는 순간, 아이들은 겁에 걸렸고 몇몇은 울기 시작했어요."

그래서 그들은 내 방을 둘러보기로 결정했는데, 보통 때처럼 불은 꺼져 있고 커튼은 닫혀 있었다고 합니다.

모든 것이 정상인 것을 확인했으나 그들은 영문 모를 학생들의 얘기를 기억하며 여전히 불안해했지요. 그래서 노래를 부르기 시작했고 함께 기도하고 있던 중이라 했습니다.

나는 자초지종을 다 듣고 놀라움에 눈물을 흘렸습니다.

나는 학생들에게 내가 기숙사를 떠나며 느꼈던 불안함으로 기도를 했었고, 하나님께서 기도에 응답해 주셔서 내 빈 자리를 천사들이 대신하게 하셨다고 설명해 주었지요. 하나님이 보내신 천사들이 그들을 보호했음을 얘기하며 나는 혼잣말을 했습니다.

'그 천사가 내 모습을 하고, 내가 없을 때 너희들을 지켜 주었구나!'

*이에 베드로는 옥에 갇혔고 교회는 그를 위하여 간절히 하나님께 기도하더라……그들이 말하되 네가 미쳤다 하나 여자 아이는 힘써 말하되 참말이라 하니 그들이 말하되 그러면 그의 천사라 하더라(행 12:5-15); While Peter was being kept in jail, the church never stopped praying to God for him, "You are crazy!" everyone told her. But she kept saying that it was Peter. Then they said, "It must be his angel."(Ac 12:5-15).

주님을 직접 뵙고 싶을 때 드리는 치유기도

숨바꼭질
십자가의 요한 (1542-1591)

사랑의 주님,
저는 더 이상 말씀의 사자를 통하여
주님에 대해 듣는 것을 만족할 수 없습니다.
주님에 대한 교리를
듣는 것에도 별 흥미가 없고
주님에 대한 설교를 듣고 감격하는 일에도 지쳤습니다.
이제는 주님을 직접 뵙고 싶습니다.
말씀의 사자들은 저를 좌절시키고 슬프게 할 뿐입니다.
그들은 주님에게서 제가 멀리 있는 것처럼 가르칩니다.
그들은 제 마음의 상처를 다시 아프게 하고
주님이 저에게 오시는 일을 지연시킬 뿐입니다.
오늘 후로는 저에게 더 이상 사자들을 보내지 마옵소서.
교리도 가르치지 마옵소서.
그것으로는 주님을 뵙고픈
이 벅찬 갈망을 해결할 수 없습니다.
이제 저의 모든 것을 온전히 주님께 바칩니다.
주님도 모든 것을 온전히 저에게 드러내 주옵소서.
희미하게 드러내신 그 사랑을

이제는 완전하게 드러내 주옵소서.
사자들을 통하여 가르치셨던 그 사랑을
이제는 직접 체험하게 하옵소서.
종종 저는 주님이 숨바꼭질하듯
저를 놀리시는 것 같은 느낌을 받습니다.
주님, 값으로 매길 수 없는
그 고귀하신 사랑으로 저에게 오시옵소서.
예수님의 이름으로 기도드립니다.
아멘.

*하나님이여 주는 나의 하나님이시라 내가 간절히 주를 찾되 물이 없어 마르고 황폐한 땅에서 내 영혼이 주를 갈망하며 내 육체가 주를 앙모하나이다(시 42:2); You are my God, I worship you. In my heart, I long for you, as I would long for a stream in a scorching desert.(Ps 42:2)

영성이 메말라 간다고 느낄 때 드리는 치유기도

어두운 가슴마다
신현복

하나님,
지난 시간 동안 공연히 바쁘기만 했습니다.
복잡하기만 했습니다.
바쁘다는 것이 무슨 의미가 있겠습니까?
복잡하다는 것이 무슨 가치가 있겠습니까?
하나님, 산다는 것이 무엇입니까?
대체 만나고 헤어지는 것이 무슨 의미가 있습니까?
하나님을 떠난 순간순간이
모호하고 허망한 것임을 알게 해주옵소서.
오 하나님, 하나님께서는
하나님의 피조물을 친절하게 다스리시며,
가장 지족할 정도로 비참함 가운데서도
신선한 희망을 제공해 주십니다.
절망으로 영혼이 어두워진 저를 위하여 비오니,
하나님 사랑의 순전한 빛으로 저를 북돋워 주옵소서.
제가 저 자신의 태어난 날을 저주하고
세상에서 잊혀지기를 갈망할 때,
저에게 새로 태어나는 기적을 드러내시어,
제가 하늘의 기쁨을 준비하게 해주옵소서.
어두운 가슴마다 빛을 주시고,

낙심한 영혼 위에 힘을 주옵소서.
하나님과 함께 울고,
하나님과 함께 웃는 영적인 삶 속에서
진정 인생의 참된 의미와 목표를 발견하게 해주옵소서.
예수님의 이름으로 기도드립니다.
아멘.

---

*이 물을 마시는 자마다 다시 목마르려니와 내가 주는 물을 마시는 자는 영원히 목마르지 아니하리니 내가 주는 물은 그 속에서 영생하도록 솟아나는 샘물이 되리라(요 4:13-14); Everyone who drinks this water will get thirsty again. But no one who drinks the water I give will ever be thirsty again. The water I give is like a flowing fountain that gives eternal life.(Jn 4:13-14)

말씀이 메말라 간다고 느낄 때 드리는 치유기도

계시하신 그 진리
장 칼뱅 (1509-1564)

전능하신 하나님,
하나님께서는 날마다 저희를 권고하시고
자꾸만 바른 길에서 벗어나려는 저희를 바로잡아 주십니다.
회개하도록 끊임없이 책망하여 주십니다.
오 하나님, 옛 예언자들이 책망했던
이스라엘의 패역함을 닮아
저희가 하나님의 말씀을 거부하지 않도록 도와주옵소서.
성령으로 저희를 다스리시어
온유와 공손함으로 순종하게 하시고
무엇이든 열심히 배우려는 마음을 허락해 주옵소서.
저희는 하나님의 지혜를 거부하는 질병에 걸렸습니다.
하지만 다행스럽게도 불치병은 아닙니다.
이 질병을 고쳐 주시어
진정 회개하고 온전히 청종하게 하옵소서.
하나님의 말씀, 곧 모세와 여러 예언자들을 통하여
그리고 외아들 우리 주 예수 그리스도를 통하여
계시하신 그 진리로 다스림을 받는 것 외에는
아무것도 바라지 않게 하옵소서.
예수님의 이름으로 기도드립니다.
아멘.

*하나님의 말씀은 살아 있고 활력이 있어 좌우에 날선 어떤 검보다도 예리하여 혼과 영과 및 관절과 골수를 찔러 쪼개기까지 하며 또 마음의 생각과 뜻을 판단하나니(히 4:12); What God has said isn't only alive and active! It is sharper than any double-edged sword. His word can cut through our spirits and souls and through our joints and marrow, until it discovers the desires and thoughts of our hearts.(Heb 4:12)

예수님이 가르쳐 주신 치유기도

하늘에 계신
주기도문 (개역개정판)

하늘에 계신 우리 아버지여,

이름이 거룩히 여김을 받으시오며,

나라가 임하시오며,

뜻이 하늘에서 이루어진 것 같이

땅에서도 이루어지이다.

오늘 우리에게 일용할 양식을 주시옵고,

우리가 우리에게 죄 지은 자를 사하여 준 것 같이

우리 죄를 사하여 주시옵고,

우리를 시험에 들게 하지 마시옵고,

다만 악에서 구하시옵소서.

나라와 권세와 영광이

아버지께 영원히 있사옵나이다.

아멘.

---

*그가 찔림은 우리의 허물 때문이요 그가 상함은 우리의 죄악 때문이라 그가 징계를 받으므로 우리는 평화를 누리고 그가 채찍에 맞으므로 우리는 나음을 받았도다(사 53:5); He was wounded and crushed because of our sins; by taking our punishment, he made us completely well.(Isa 53:5)

어떻게 살 것인지가 불확실할 때 드리는 치유기도

오직 하나님 안에서만
존 헨리 뉴만 (1801-1890)

나의 하나님,
하나님은 옛적부터 계셨으나
늘 새로운 분이십니다.
하나님은 홀로 영원한 양식입니다.
저는 잠시 동안만이 아니라
영원히 살기를 원합니다.
저는 제 존재를 다스릴 수 없습니다.
제가 악한 생각으로
제 자신을 멸하고 싶어도 그리할 수 없습니다.
저는 영원히 지성과 의식을 지니고 살아가야 합니다.
하지만 하나님 없는 영원은
영원한 불행일 수밖에 없습니다.
저는 오직 하나님 안에서만
저 자신을 지탱할 수 있습니다.
하나님은 홀로 영원한 저의 양식이십니다.
하나님은 홀로 지극히 풍성하시며,
언제나 저에게 새로운 지식과
사랑의 대상을 영원히 제공하십니다.

저는 하나님의 거룩한 본질의

기본 원리를 배우기 시작하는 어린아이입니다.

대저 하나님은

모든 선(善)의 소재지요 중심이십니다.

하나님은 이 덧없는 세상에서

유일한 실체이시며,

복된 영들이 즐거이 거하는 하늘나라이십니다.

감사하며, 예수님의 이름으로 기도드립니다.

아멘.

*사람이 마음으로 자기의 길을 계획할지라도 그의 걸음을 인도하시는 이는 여호와시니라(잠 16:9); We make our own plans, but the LORD decides where we will go.(Pr 16:9)

인생의 본질을 묻고 싶을 때 드리는 치유기도

한 순간의 꿈
시편 90편

주님,
주님은 대대로 저의 거처이셨습니다.
산들이 생기기 전에,
땅과 세계가 생기기 전에,
영원부터 영원까지,
주님은 하나님이십니다.
주님께서는 사람을 티끌로 돌아가게 하시고,
"죽을 인생들아, 돌아가거라." 하십니다.
주님 앞에서는 천 년도 지나간 어제와 같고,
밤의 한 순간과도 같습니다.
주님께서 생명을 거두어 가시면,
인생은 한 순간의 꿈일 뿐,
아침에 돋는 한 포기의 꿈과 같을 따름입니다.
아침에 돋아나서 꽃을 피우다가도,
저녁에는 시들어서 말라 버립니다.
주님, 주님께서 노하시면
제 삶이 끝이 나고,
주님께서 노하시면
저는 스러지고 맙니다.
주님께서 제 죄를 주님 앞에 내놓으시니,
저의 숨은 죄가 주님 앞에 환히 드러납니다.

주님께서 노하시면
제 인생은 사그라지고,
저의 한평생은 한숨처럼 스러지고 맙니다.
인생의 연수가 칠십이요
강건하면 팔십이라도,
그 연수의 자랑은 수고와 슬픔뿐이요,
빠르게 지나가니,
마치 날아가는 것 같습니다.
저에게 저의 날 계수함을 가르쳐 주셔서,
지혜의 마음을 얻게 해주옵소서.
예수님의 이름으로 기도드립니다.
아멘.

---

*일의 결국을 다 들었으니 하나님을 경외하고 그의 명령들을 지킬지어다 이것이 모든 사람의 본분이니라(전 12:13); Everything you were taught can be put into a few words: Respect and obey God! This is what life is all about.(전 12:13)

진정한 축복이 무엇인지를 묻고 싶을 때 드리는 치유기도

만인 중에서
미국 남북전쟁 때 한 무명의 용사

하나님,

무엇이나 얻을 수 있는 힘을 달라고

하나님께 구했으나

저는 약한 몸으로 태어나

겸손히 복종하는 법을 배웠습니다.

큰일을 하기 위하여 건강을 구했으나

도리어 몸에 병을 얻어

좋은 일을 할 수 있게 되었습니다.

부를 얻어 행복하기를 간구했으나

저는 가난한 이가 됨으로

오히려 지혜를 배웠습니다.

한번 세도를 부려 만인의 찬사를 얻기 원했으나

세력 없는 이가 되어

하나님을 의지하게 되었습니다.

삶을 즐기기 위하여 온갖 좋은 것을 다 바랐건만

하나님께서는 저에게 영생을 주사

온갖 좋은 것을 다 즐길 수 있게 하셨습니다.

제가 바라고 원하는 것은 하나도 받지 못했으나

은연중 저의 바라는 것을 모두 다 얻었나니

참으로 저는 만인 중에서

가장 풍성한 축복을 얻었습니다.

감사드리며 예수님의 이름으로 기도드립니다.

아멘.

---

*나에게 이르시기를 내 은혜가 네게 족하도다 이는 내 능력이 약한데서 온전하여 짐이라 하신지라 그러므로 도리어 크게 기뻐함으로 나의 여러 약한 것들에 대하여 자랑하리니 이는 그리스도의 능력이 내게 머물게 하려 함이라(고후 12:9); But he replied, "My kindness is all you need. My power is strongest when you are weak." So if Christ keeps giving me his power, I will gladly brag about how weak I am.(2 Co 12:9)

사도들이 가르쳐 준 치유기도

믿사오니
사도신경

나는 전능하신 아버지 하나님,

천지의 창조주를 믿습니다.

나는 그의 유일하신 아들,

우리 주 예수 그리스도를 믿습니다.

그는 성령으로 잉태되어

동정녀 마리아에게서 나시고,

본디오 빌라도에게 고난을 받아

십자가에 못 박혀 죽으시고,

장사된 지 사흘 만에 죽은 자 가운데서

다시 살아나셨으며,

하늘에 오르시어

전능하신 아버지 하나님 우편에 앉아 계시다가,

거기로부터 살아 있는 자와 죽은 자를

심판하러 오십니다.

나는 성령을 믿으며,

거룩한 공교회와

성도의 교제와

죄를 용서받는 것과

몸의 부활과

영생을 믿습니다.

아멘.

---

*그러므로 너희 죄를 서로 고백하며 병이 낫기를 위하여 서로 기도하라 의인의 간구는 역사하는 힘이 큼이니라(약 5:16); If you have sinned, you should tell each other what you have done. Then you can pray for one another and be healed. The prayer of an innocent person is powerful, and it can help a lot.(Jas 5:16)

아침에 일어났을 때 드리는 치유기도

이 아침에
월리엄 바클레이

주님,
이 아침에 저의 입술을 열어 주옵소서.
그러면 저의 입술이
아침부터 주님을 찬양할 것입니다.
영원하신 하나님,
그리스도의 십자가 희생을 통하여
베풀어주신 하나님의 위대한 사랑과,
저희가 그분의 부활로써 얻은
새 생명을 생각하며 찬양을 드립니다.
특별히 저희가 감사드리는 것은,
저희의 연약함과 고난 속에 그리스도께서 현존하심과,
돌보아 주고 치유해 주는 이들 모두와,
저희의 유익을 위해 치뤄진 희생들과,
저희가 너그럽게 베풀 수 있도록
기회를 주신 일에 대해서입니다.
은혜로우신 하나님,
저희가 다른 사람에게 관심을 보일 때,
저희의 기도 속에서뿐만 아니라
저희의 실천 속에서도,

그리스도께서 자신을 내어 주셨던 사랑을
순간순간 드러낼 수 있도록 해주옵소서.
특별히 기도드리는 것은,
몸과 마음의 상처로 입원한 이들과,
오늘 함께 해야 할 모든 사람들과,
나의 도움과 나의 용서와 나의 화해를
필요로 하는 이들에 대해서입니다.
저희 모두를 오늘도
주님의 날개 아래 품어 주옵소서.
예수 그리스도의 이름으로 기도드립니다.
아멘.

*아침마다 주의 인자하심을 알리며 밤마다 주의 성실하심을 베풂이 좋으니이다 (시 92:3); It is wonderful each morning to tell about your love and at night to announce how faithful you are.(Ps 92:3)

저녁에 잠자리에 들 때 드리는 치유기도

깊어가는 이 밤
윌리엄 바클레이

하나님,
오늘밤에 특히
몸과 마음과 가슴속에
번민과 고통을 안고 있는 사람들을 생각합니다.
가족을 잃은 가정에서
슬퍼하고 방황하고 있는 유가족들에게
복을 내려 주옵소서.
오늘밤 침대 옆에 앉아
사랑하는 사람의 임종을 기다리는 가정 위에
복을 내려 주옵소서.
오늘밤 아픈 사람들,
최악의 고통으로
긴긴밤을 지새야 하는 이들에게
복을 내려 주옵소서.
나쁜 소식과 예기치 않은 수치감으로
슬퍼하는 가정 위에
복을 내려 주옵소서.
꿈꾸던 일이 영영 물거품으로 변하여
처절한 실망 가운데서
홀로 앉아 있는 이들에게
복을 내려 주옵소서.
삶에 큰 낭패를 당한 이들에게
복을 내려 주옵소서.

시험을 당해 씨름하고 있는 이들과,
이 씨름 속에서 패배한 이들에게
복을 내려 주옵소서.
사랑하는 사람과 헤어진 이들,
그리고 외로움과 불안에 사로잡힌 이들에게
복을 내려 주옵소서.
어려운 일이 있는 곳에
위로와 도움이 있게 해주옵소서.
예수님의 이름으로 기도드립니다.
아멘.

*한밤중에 바울과 실라가 기도하고 하나님을 찬송하매 죄수들이 듣더라(롬 16:25); About midnight Paul and Silas were praying and singing praises to God, while the other prisoners listened.(Ro 16:25)

희망과 기적을 창조하는 이야기 치유기도

경고
로버트 스트랜드

　여느 때와 마찬가지로 어느 날 아침 등교 길이었습니다. 늘 그렇듯이 루티 호퍼만은 두 아이를 태우고 유진 필드 초등학교로 가고 있었고, 아이들은 언제나처럼 차를 타자마자 시비를 걸고 싸우기 시작했지요. 그러나 이날 아침은 다른 일이 생기고 말았습니다. 이날 루씨는 편두통을 꾹 참고 있었고 그 때문에 쉽게 짜증이 나 있는 상태였지요.
　뒷좌석에서 고함 소리가 끊이질 않았습니다. "엄마, 오빠가 내 도시락을 가져갔어!" 여덟 살짜리 리사의 고함 소리가 났습니다.
　"안 그랬어!" 그에 질세라 큰 소리로 아홉 살짜리 로비가 소리를 질렀습니다.
　"됐어! 그만들 해!" 루씨가 뒤를 향해 소리를 질렀지요. "둘 다 그만들 해!" 고함을 어찌나 크게 질렀던지 쌩 하니 바람이 이는 것 같았습니다.
　"엄마, 오빠가 또 그랬어!" 리사가 울기 시작했습니다.
　너무 화가 치밀어 오른 그녀는 손가락 마디가 허옇게 될 정도로 운전대를 꽉 잡고서 기도를 하기 시작했습니다. "주여, 제발 나머지 반 마일을 잘 갈 수 있게 도와주십시오!" 그러고 있는데 "리사는 고자질쟁이! 리사는 고자질쟁이!"하고 조용히 로비가 말을 하기 시작했습니다.
　"오빠가 날 놀려! 그만 하라고 해, 엄마!" 하며 리사가 소리를 질렀습니다.
　그 순간 루씨는 고개를 돌려 두 아이 모두 심하게 야단을 쳤습니다. 그 때 루씨는 멀리서 들려오는 낯선 목소리를 듣게 되었지요. 그 소리는 "루씨야! 멈춰라! 빨리!"라며 루씨에게 명령하고 있었습니다.
　그 이상한 목소리에 아연실색하며 루씨는 잽싸게 앞으로 돌아 앉아

도로를 내려다보았습니다. 근데 이럴 수가! 앞의 정지표시기가 고장 나 있는 게 아니겠습니까! 그리고 그곳은 4차선 교차로 정지 구간이었습니다. 그래서 브레이크를 세게 밟았지만 차는 끽 소리와 함께 미끄러지며 심한 요동과 함께 멈춰 섰습니다. 다행히도 안전벨트 때문에 아이들은 앞좌석이나 앞유리로 튀어 나가지 않았지요.

그녀가 차를 멈춘 직후, 그야말로 눈깜짝할 사이에, 쓰레기차가 전속력으로 그녀의 좌측에 있던 정지표시기를 통과해 버렸습니다. 그러고 난 뒤 그 트럭은 방향 감각을 상실한 채 오른쪽으로 심하게 돌다가 모퉁이에 부딪힌 뒤 전복이 되었습니다. 차 안에 있던 쓰레기들이 바깥으로 쏟아져 나왔지요.

그 트럭 운전자를 돕기 위하여 다른 운전자들이 그에게 몰려들었습니다. 여전히 차 안에 앉아 허연 손마디로 운전대를 잡고 있던 그녀는 잠시 뒤 몸을 떨기 시작했지요. 한 운전자가 그녀의 차로 다가오는 것을 보고, 그녀는 운전석 차 유리를 내리고 물었습니다. "그 사람 많이 다쳤나요?"

"아니요, 조금 놀랬을 뿐이에요. 괜찮아질 겁니다. 부인, 차를 아주 잘 멈추셨어요. 부인의 차가 그 때 그 순간 멈추지 않았더라면 트럭이 당신을 밀어 버렸을 거예요. 천사들이 차에 함께 타고 있었던 게 틀림없어요. 정말 불가사이한 일이군요." 하고 그가 말했습니다.

*너희가 오른쪽으로 치우치든지 왼쪽으로 치우치든지 네 뒤에서 말 소리가 네 귀에 들려 이르기를 이것이 바른 길이니 너희는 이리로 가라 할 것이며(사 30:21); Whether you turn to the right or to the left, you will hear a voice saying, "This is the road! Now follow it."(Isa 30:21)

제 3 부

40일 동안 헨리 나우웬과 함께 하는
희망의 치유기도

영성지도자 헨리 나우웬과 함께 하는 40일 치유기도

주님 가신 길을 따라
1일째

주님,
오늘부터 40일 치유기도가 시작됩니다.
40일 치유기도,
이제는 좀 특별한 방법으로
주님과 함께 머물러야 할 시간입니다.
40일 치유기도, 이제는 기도해야 할 시간입니다.
40일 치유기도, 이제는 금식해야 할 시간입니다.
그리하여 40일 치유기도,
주님을 따라가야 할 시간입니다.
비오니, 이 40일 치유기도를 통하여
예루살렘으로, 골고다로,
마침내는 죽음을 넘어 최후의 승리까지
주님 가신 길을 따라
오롯이 나아가게 하옵소서.
죄 많은 저를 위하여
몸소 고난을 받으러 오신
예수님의 이름으로 기도드립니다.
아멘.

---

*세리는 멀리 서서 감히 눈을 들어 하늘을 쳐다보지도 못하고 다만 가슴을 치며 이르되, "하나님이여, 불쌍히 여기소서. 나는 죄인이로소이다." 하였느니라(눅 18:13) ; The tax collector stood off at a distance and did not think he was good enough even to look up toward heaven. He was so sorry for what he had done that he pounded his chest and prayed, "God, have pity on me! I am such a sinner."(Lk 18:13)

욕망
2일째

주님,
제 마음은 아직도
너무나 분열되어 있습니다.
한편으로는 주님을 진실하게 따르려 하면서도,
다른 한편으로는
제 자신의 욕망을 뒤쫓으려 합니다.
특혜와 성공,
사람들의 박수갈채와 존경,
쾌락과 중독,
권세와 영향력을
이야기하는 음성에 귀가 솔깃합니다.
비오니, 도와주옵소서.
아닌 것은 분명코 아니라 선언하고
그런 음성에는 귀를 막게 하옵소서.
그리고 생명의 좁은 길을 택하라고 하시는
주님의 음성만
더욱 더 귀담아 듣게 하옵소서.
예수님의 이름으로 기도드립니다.
아멘.

*이튿날 요한이 예수께서 자기에게 나아오심을 보고 이르되, "보라, 세상 죄를 지고 가는 하나님의 어린 양이로다"(요 1:29); The next day, John saw Jesus coming toward him and said: Here is the Lamb of God who takes away the sin of the world!(Jn 1:29)

영성지도자 헨리 나우웬과 함께 하는 40일 치유기도

갈등
3일째

주님,
이 40일 치유기도가 저에게
몹시 힘든 시기가 되리라는 것은
익히 알고 있습니다.
많은 갈등이 제 어깨를 짓누릅니다.
혼란스럽습니다.
그럼에도 불구하고, 비오니,
주님의 길을 선택하게 하옵소서.
사는 동안, 순간순간, 거듭거듭,
주님의 방식을 선택하게 하옵소서.
무엇인가를 생각할 때에도
주님의 생각을 선택하게 하옵소서.
무엇인가를 말할 때에도
주님의 말씀을 선택하게 하옵소서.
무엇인가를 행할 때에도
주님의 행동을 선택하게 하옵소서.
예수님의 이름으로 기도드립니다.
아멘.

*또 이튿날 요한이 자기 제자 중 두 사람과 함께 섰다가 예수께서 거니심을 보고 말하되, "보라, 하나님의 어린 양이로다" (요 1:35-36); The next day, John was there again, and two of his followers were with him. When he saw Jesus walking by, he said, "Here is the Lamb of God!"(Jn 1:35-36)

영성지도자 헨리 나우웬과 함께 하는 40일 치유기도

선택
4일째

주님,
선택이 없는 시간,
선택이 없는 장소,
그것은 있을 수 없음을 저는 알고 있습니다.
그리고 제 자신이 주님을 선택하는 일을
얼마나 완강하게 거부하는지도 알고 있습니다.
그러므로 비오니,
주님, 부디 순간순간 모든 장소에서
저와 함께 하여 주옵소서.
그리하여 이 40일 치유기도를 신실하게 드려서,
마지막 날 아침,
주님께서 저를 위하여 마련해 주실 새 생명을
기쁨으로 맛볼 수 있게 하옵소서.
날마다 시간마다 샘솟는
힘과 용기를 내려주옵소서.
예수님의 이름으로 기도드립니다.
아멘.

---

*나다나엘이 이르되 나사렛에서 무슨 선한 것이 날 수 있느냐 빌립이 이르되 와서 보라 하니라(요 1:46); Nathanael asked, "Can anything good come from Nazareth?" Philip answered, "Come and see."(Jn 1:46)

> 희망과 기적을 창조하는 이야기 치유기도

사명을 띠고 온 천사
로버트 스트랜드

　이 사건은 1956년, 동 아프리카에서 마우마우 족이 폭동을 일으켰을 때 있었던 일입니다. 선교사 모리스 플로츠의 아들인 필 플로츠가 전해 준 이야기이지요.

　유랑 부족인 마우마우 족이 로리 마을로 와서 마을을 포위하고 여자들과 어린이들을 포함해서 300명이나 되는 주민들을 학살했습니다. 그런데 그곳에서 3마일이 못 미치는 곳에 선교사 자녀들을 교육하는 리프트 벨리 사립학교가 있었습니다. 그들은 로리에서의 학살이 끝나자마자, 이 학교도 완전히 파괴하려고 창, 횃불, 곤봉, 그리고 활과 화살을 들고 쳐들어 왔습니다.

　선생님과 함께 이 변방의 학교에 갇힌 어린 학생들의 공포가 어떠했는지는 족히 짐작할 수 있을 것입니다. 로리 마을의 소식은 이미 들은 뒤였지요. 그러나 그 많은 숫자의 어린 아이들과 여자들을 한꺼번에 데리고 피신할 수 있는 장소는 없었습니다. 때문에 유일한 길은 기도뿐이었지요.

　어둠 속에서 밝은 횃불이 나타났습니다. 곧 이 약탈자들은 학교를 완전히 둘러쌌습니다. 계속해서 마우마우 족의 욕설과 고함 소리가 들려왔습니다. 그리고 공격하기 시작했지요. 그러나 놀랍게도 창을 던질 수 있을 만큼 가까이 다가왔을 때 돌연 공격이 멈추었습니다! 그리고는 도망치기 시작했습니다. 이미 당국에 구원을 요청했었고 군대가 파견되었지만, 군대는 마우마우 족이 도망치고 난 후에나 도착했습니다. 군대는 흩어져서 수색했고 도망자 전원을 잡아들였지요. 나중에 판사가 그들을 심리할 때 그 우두머리가 증인석에 세워졌습니다. 판사가 물었지요.

"문제의 그날 밤, 로리 마을의 주민들을 살해했습니까?"

"예."

"리프트 벨리의 선교 학교도 똑같이 하려고 했습니까?"

"예."

"그렇다면, 왜 당신의 임무를 완수하지 않았습니까? 왜 그 학교를 공격하지 않았지요?"

생각해 보십시오. 이 사람은 성경을 읽어본 적도 없고 천사에 대하여 들어본 적도 없는 어둠 속에서 나타난 이교도인 것입니다. 마우마우 족의 우두머리는 이렇게 말했습니다: "우리는 모든 사람들과 학교를 파괴하려고 공격을 시작하려던 참이었습니다……. 그런데 우리가 좀 더 가까이 가자, 너무나 갑자기 우리와 학교 사이에 하얀 옷을 입고 손에는 번쩍이는 칼을 든 거대한 남자가 나타났습니다. 그래서 우리는 겁에 질렸고 숨을 곳을 찾아 도망쳤던 것입니다."

*그가 너를 위하여 그의 천사들을 명령하사 네 모든 길에서 너를 지키게 하심이라 그들이 그들의 손으로 너를 붙들어 발이 돌에 부딪히지 아니하게 하리로다(시 91:11-12); God will command his angels to protect you wherever you go. They will carry you in their arms, and you won't hurt your feet on the stones.(Ps 91:11-12)

영성지도자 헨리 나우웬과 함께 하는 40일 치유기도

순복
5일째

주님,
저희를 위하여 몸소
사십 일 밤과 낮을 금식하신
주님을 생각할 때마다
무한 감사를 드립니다.
비오니, 저에게도
이 40일 치유기도 기간 동안
그러한 거룩한 절제를
사용할 수 있는 은혜를 주시어
제 육체가 성령에 순복하게 해주옵소서.
제가 의로움과 참된 거룩함 속에서
주님의 신적인 행동에 늘 순종함으로써
주님께 존귀와 영광을 돌리게 해주옵소서.
한 하나님이신,
성부 성령과 함께,
세상 끝 날까지,
살아 계셔서 다스리시는
예수님의 이름으로 기도합니다.
아멘.

*새 포도주를 낡은 가죽 부대에 넣는 자가 없나니 만일 그렇게 하면 새 포도주가 부대를 터뜨려 포도주와 부대를 버리게 되리라 오직 새 포도주는 새 부대에 넣느니라 하시니라 (막 2:22); No one pours new wine into old wineskins. The wine would swell and burst the old skins. Then the wine would be lost, and the skins would be ruined. New wine must be put into new wineskins.(Mk 2:22)

영성지도자 헨리 나우웬과 함께 하는 40일 치유기도

얼마나 큰 은혜인지요!
6일째

주님,
40일 치유기도 기간 동안 이곳에 머물 수 있으니
얼마나 큰 은혜인지요!
40일 치유기도 기간 동안
참회와 금식과 기도에 전념하지 못한 채
지낸 시간이 얼마나 많았는지요!
스스로도 알지 못하는 사이에
이 치유기도의 영성적인 열매를
상실해 버린 적이 또 얼마나 많았는지요!
비오니, 이 40일 치유기도를 잘 지킴으로써
마지막 치유의 감격을 경축하게 하옵소서.
주님의 죽으심에 동참함으로써
주님의 다시 사심에
진심으로 기뻐할 수 있게 하옵소서.
예수님의 이름으로 기도드립니다.
아멘.

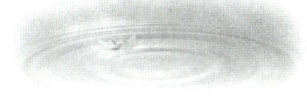

*예수께서 그들에게 이르시되 항아리에 물을 채우라 하신즉 아귀까지 채우니 이제는 떠서 연회장에게 갖다 주라 하시매 갖다 주었더니(요 2:7-8); Jesus told the servants to fill them to the top with water. Then after the jars had been filled, he said, "Now take some water and give it to the man in charge of the feast."(Jn 2:7-8)

영성지도자 헨리 나우웬과 함께 하는 40일 치유기도

집착
7일째

주님,
저는 주님과 함께,
주님을 통하여,
주님 안에서 이미 죽었어야 했습니다.
그래서 주님이
부활을 통하여 저에게 오셨을 때
주님을 알아 뵐 준비가 되어 있었어야 했습니다.
제 속에는 죽어야 할 것이 너무 많습니다.
비오니,
이 40일 치유기도 기도를 통하여
잘못된 집착을 버리게 해주옵소서.
탐욕과 분노를 버리게 해주옵소서.
조급함과 인색함도
이제는 과감히 버리게 해주옵소서.
예수님의 이름으로 기도드립니다.
아멘.

*예수께서 대답하여 이르시되 너희가 이 성전을 헐라 내가 사흘 동안에 일으키리라(요 2:19); "Destroy this temple," Jesus answered, "and in three days I will build it again!"(Jn 2:19)

영성지도자 헨리 나우웬과 함께 하는 40일 치유기도

발견
8일째

주님,
저는 그 동안 주님의 이름 때문에
박해나 억압을 받거나
거절을 당한 적이 없었습니다.
주님의 이름은 오히려 저에게
보상을 안겨 주었습니다.
그 동안 주님에 대해서 말하고 글 쓰고
주님의 이름으로 일한 것을 돌아보니
제 자신의 영광과 성공을 위한 것일 때가 많았습니다.
주님과 함께 죽지도 않았고
주님의 길을 걷지도 않았고
주님의 길에 신실하지도 않았습니다.
주님, 이 40일 치유기도가
여느 때와는 달리
다시 주님을 발견하는 계절이 되게 하옵소서.
예수님의 이름으로 기도드립니다.
아멘.

---

*진리를 따르는 자는 빛으로 오나니 이는 그 행위가 하나님 안에서 행한 것임을 나타내려 함이라 하시니라(요 3:21); But everyone who lives by the truth will come to the light, because they want others to know that God is really the one doing what they do.(Jn 3:21)

영성지도자 헨리 나우웬과 함께 하는 40일 치유기도

탕자
9일째

주님,
저는 탕자입니다.
저는 번번이 그 어디서도 찾을 수 없는
무조건적인 사랑을 갈급해 합니다.
참된 사랑이 있는 곳을 무시하고
오히려 다른 곳에서 그것을 찾으려 고집합니다.
저를 하나님의 자녀요
내 아버지의 사랑받는 이라고 불러주는
가정을 자꾸만 떠나려 합니다.
하나님께서 주신 놀라운 은사,
곧 저의 건강,
저의 지성,
저의 감성 등을
하나님의 영광을 위하여 발전시키지 않습니다.
비오니, 이 모든 방황을 멈추고
돌아온 탕자가 되게 하옵소서.
예수님의 이름으로 기도드립니다.
아멘.

* 그는 흥하여야 하겠고 나는 쇠하여야 하리라 하니라(요 3:30); Jesus must become more important, while I become less important.(Jn 3:30)

샘

10일째

물이 변하여
샘이 되게 하시는 주님,
제가 주님의 선물에 궁색하지 않게 하옵소서.
주님 주시는 그 물이
자유롭게 저의 중심에서부터
흘러나오게 해주옵소서.
뿐만 아니라 원하는 사람 누구에게나
그 물을 마실 수 있게 하옵소서.
주님, 제 속에
샘이 있음을 잊지 않게 하옵소서.
그 샘이 말라 버리지나 않을까,
모래만 버석거리는 게 아닐까,
두려워하지 않게 하옵소서.
다가오는 봄이
그리고 제 안에 있는 샘이
기쁨과 희망과 구원을 이루게 하옵소서.
예수님의 이름으로 기도드립니다.
아멘.

---

*예수께서 대답하여 이르시되 이 물을 마시는 자마다 다시 목마르려니와 내가 주는 물을 마시는 자는 영원히 목마르지 아니하리니 내가 주는 물은 그 속에서 영생하도록 솟아나는 샘물이 되리라(요 4:13-14); Jesus answered, "Everyone who drinks this water will get thirsty again. But no one who drinks the water I give will ever be thirsty again. The water I give is like a flowing fountain that gives eternal life."(Jn 4:13-14)

희망과 기적을 창조하는 이야기 치유기도

눈 속의 천사
로버트 스트랜드

　여러분이 콜로라도에 산다면 특히 산 근처에 살거나 겨울에 산을 가로질러 가야 한다면 특별히 주의를 기울여야 합니다. 조심하지 않으면 무슨 일이 일어날까요? 제이 디와 그의 가족은 콜로라도에서 태어나 록키 산맥의 서부 사면에 있는 그랜드 정크션에 살고 있습니다. 그들은 여행을 떠났다가 8월 말인 지금 집으로 돌아오는 길이었지요. 두랑고에서 그랜드 정크션에 오려면 레드 마운틴 패스를 반드시 지나야 합니다. 아직 여름이었고 그들의 차는 겨울 장비를 갖추고 있지 않았지요. 그들은 11,080피트 높이의 패스를 넘어 산꼭대기를 향해 오르고 있었습니다. 이 고속 도로는 '백만 달러 고속 도로'라는 이름이 있었습니다. 이 고속 도로를 건설하기 위하여 1마일씩 늘일 때마다 엄청난 비용이 들었기 때문이었습니다. 날씨가 안 좋을 때, 비가 오거나 눈이 오거나 길이 얼어붙을 때, 길은 완전히 위험 천지가 됩니다.

　이 가정에는 세 명의 어린이도 함께 있었습니다. 제이 디의 가족들이 정상 가까이에 왔을 때 갑자기 구름이 짙게 깔리고 폭풍이 몰아쳤지만 별로 신경 쓰지 않았지요. 그들이 정상에서 막 내려오는데 갑자기 늦여름의 눈보라를 만나게 되었습니다. 바람이 불고 눈이 내려서 길은 얼어붙기 시작했지요. 차를 돌리거나 세울 공간이 없었고 피신할 곳도 없었습니다. 가능한 한 주의를 기울여 얼어붙은 길을 교묘하게 돌아 나오는 수밖에 없었습니다. 난간까지 공간도 거의 없었습니다. 상황은 점차 급속도로 악화되었지요. 어떻게 해야 하나? 첫번째 할 일은 기도하는 일이었습니다. 제이 디가 운전을 할 동안, 그의 아내 아그네스와 아이들은 계속 기도했지요.

조심스럽게 주의를 기울여 기아 변속을 해야 하는데 차는 미끄러지고 있었습니다. 난간도 없는 길의 가장자리로 미끄러졌습니다. 수천 피트 계곡 아래로 떨어질 수도 있는 상황이었지요. 그런데 갑자기 차 옆을 달려가는 두 사람이 나타났습니다. 한 사람은 차 앞쪽의 범퍼 왼쪽을 오른손으로 잡고 있고, 다른 사람은 차 뒤쪽 범퍼를 오른손으로 잡고 있었습니다. 차는 더 이상 미끄러지지 않고 앞으로 나아갔으며, 이 두 사람은 차가 빙판 위에서 180도로 커브를 돌아 쿠레이 마을에 들어갈 때까지 차 옆에서 계속 달렸지요. 제이 디는 자기 가족을 구해 준 사람들이 누구인지 물어보고 고맙다는 말을 하려고 차를 천천히 세웠습니다. 그러나 아무도 없었습니다! 그들 앞에 펼쳐진 산길 위아래로는 사람들이 갈 만한 곳이 없었지요. 가족들은 하나님의 보호로 안전할 수 있었음을 하나님께 감사했으며, 두 사람이 누구였는지는 상관하지 않기로 했습니다.

---

*여호와의 천사가 주를 경외하는 자를 둘러 진 치고 그들을 건지시는도다(시 34:7); If you honor the LORD, his angel will protect you.(Ps 34:7)

영성지도자 헨리 나우웬과 함께 하는 40일 치유기도

허락된 십자가
11일째

주님,
이 40일 치유기도를 통하여
주님의 고난의 신비에 더욱 더
깊이 들어가도록
초대해 주시니 감사합니다.
이 기간이 저를 위하여
예비해 놓으신 길 위에서
주님을 따르는 시간이 되게 하옵소서.
저에게 허락된 십자가를 받아들이려는
더욱 더 큰 열망으로
타오르게 하옵소서.
내 계산대로 내 길을 고르고
내 십자가를 내 좋은 대로 고르려는
욕망을 포기하는 시간이 되게 하옵소서.
비오니, 저를 영웅이 아닌,
주님을 사랑하는 종으로 만들어 주옵소서.
예수님의 이름으로 기도드립니다.
아멘.

*너희는 넉 달이 지나야 추수할 때가 이르겠다 하지 아니하느냐 그러나 나는 너희에게 이르노니 너희 눈을 들어 밭을 보라 희어져 추수하게 되었도다(요 4:35); You may say that there are still four months until harvest time. But I tell you to look, and you will see that the fields are ripe and ready to harvest.(Jn 4:35)

영성지도자 헨리 나우웬과 함께 하는 40일 치유기도

부재

12일째

주님,
누군가를 깊이 사랑한다는 것이
그 사람의 부재가 가져다주는 고통에
내 자신을 개방한다는 뜻임을
역설적으로 깨닫게 하시니 감사합니다.
비오니, 이 40일 치유기도,
부재와 상실과 결여의 신앙적인 의미를
체험하는 시간이 되게 하옵소서.
그런 시간을 통하여,
제가 비록 지금은
복잡한 삶의 한복판에 살고는 있지만,
여전히 저의 깊은
목마름을 채워 주시마고
약속하신 한 분 하나님을 기다리고 있음을
다시 한 번 기억해 내게 하옵소서.
예수님의 이름으로 기도드립니다.
아멘.

---

*그의 아버지가 예수께서 네 아들이 살아 있다 말씀하신 그 때인 줄 알고 자기와 그 온 집안이 다 믿으니라(요 4:53); The boy's father realized that at one o'clock the day before, Jesus had told him, "Your son will live!" So the man and everyone in his family put their faith in Jesus.(Jn 4:53)

> 영성지도자 헨리 나우웬과 함께 하는 40일 치유기도

그 그윽하신 눈
13일째

주님,
주님의 눈길은
신의 영원한 신비를 꿰뚫고
하나님의 영광을 보아 아십니다.
바로 그 눈으로
시몬, 안드레, 나다나엘, 레위사람을 보셨습니다.
바로 그 눈으로 하혈하는 부인,
나인의 과부, 소경과 절름발이,
나병환자와 굶주린 무리를 보셨습니다.
바로 그 눈으로
부유하지만 슬픔에 빠진 지배자,
호수에서 두려움에 사로잡힌 제자,
들과 무덤에서 서러워 흐느끼는 여인들을 보셨습니다.
비오니, 그 그윽하신 눈으로
저를 치유하여 주옵소서.
예수님의 이름으로 기도드립니다.
아멘.

*예수께서 그 누운 것을 보시고 병이 벌써 오래된 줄 아시고 이르시되 네가 낫고자 하느냐 일어나 네 자리를 들고 걸어가라 하시니 그 사람이 곧 나아서 자리를 들고 걸어가니라(요 5:6-9); When Jesus saw the man and realized that he had been crippled for a long time, he asked him, "Do you want to be healed?" "Pick up your mat and walk!" Right then the man was healed. He picked up his mat and started walking around.(Jn 5:6-9)

"주님의 이름

14일째

주님,
주님의 이름은
세상의 모든 이름 가운데
저희를 구원하실 유일한 이름입니다.
비오니, 그 이름을
제 마음에 확실히 새겨 주옵소서.
그리하여 제가
생각하고 말하고 행동하는 모든 일에
의미와 능력을 주옵소서.
그 이름이 제 모든 관심의 중심이 되게 하옵소서.
주님의 이름이 제 존재 속에
완전히 스며들게 하옵소서.
언제나 주님의 이름이
제 안에서 흘러넘치게 하옵소서.
그리하여 언젠가는
주님의 이름으로
저를 주님 집으로 데려가옵소서.
예수님의 이름으로 기도드립니다. 아멘.

---

*내가 진실로 진실로 너희에게 이르노니 내 말을 듣고 또 나 보내신 이를 믿는 자는 영생을 얻었고 심판에 이르지 아니하나니 사망에서 생명으로 옮겼느니라(요 5:24); I tell you for certain that everyone who hears my message and has faith in the one who sent me has eternal life and will never be condemned. They have already gone from death to life.(Jn 5:24)

희망과 기적을 창조하는 이야기 치유기도

세 가지 천사 이야기
로버트 스트랜드

★ 제2차 세계 대전 가운데, 웨인이라는 B-24 폭격기 조종사가 이탈리아에 배치되었습니다. 어느 날 중부 유럽을 가로질러 가던 가운데 폭격 지점에 거의 다 왔을 때, 웨인은 강한 손이 자기 어깨에 와 닿는 것을 느끼며 다음과 같은 소리를 들었지요: "일어나라, 일어나서 비행기 뒤편으로 가라!" 웨인은 바로 일어나서 재빨리 뒤로 갔습니다. 그러자 그 짧은 찰나에 폭격기는 대공포의 공격을 받았지요. 이윽고 웨인이 조종실에 돌아와 보니 포탄이 천장을 뚫고 바로 자신의 조종석에 떨어져 있었습니다.

★ 중국에서 있었던 일입니다. 중국 어느 가정에서 가족 예배를 진행할 수 있을 정도로 예배에 대한 지식이 있는 사람은 오직 일흔 살의 할머니밖에 없었습니다. 할머니만이 성경을 감추어 놓은 곳과 누가 교회의 심부름꾼인지, 누가 믿을 수 있는 사람인지 알고 있었습니다. 그러던 어느 날 갑자기 할머니가 심장마비로 돌아가셨지요. 가족들은 어찌 할 바를 몰랐습니다. 예배를 드릴 수 있는 중요한 정보들에 대하여 할머니로부터 전해들은 것이 하나도 없었던 것입니다. 그래서 그들은 하나님께 기도하기 시작했지요. "하나님, 어머니를 돌려주십시오!"

그런데 죽은 지 이틀 만에 할머니는 정말로 살아났습니다. 살아난 할머니는 자신을 다시 세상에 돌아오게 한 가족들을 꾸짖었지요. 그래서 가족들은 자신들이 어머니를 다시 살려달라고 기도할 수밖에 없었던 이유를 얘기했습니다. 그리고 모든 것을 가족들에게 알려주시고 나면, 이틀 후에 다시 하나님의 품으로 돌아가실 수 있도록 기도하겠다고 할머니께 말했지요. 그렇게 이틀이 지난 뒤, 가족들과 친지들은 하나님께 찬양과 기도를 드렸습니다. "그들이 오고 있어! 천사 둘이 말이야!" 하고 말하고는 할머니는 숨을 거두었습니다. 이 사건이 있은 후에 마을 사람들 모두가 하나님을 믿게 되었다고 합니다.

★ 여섯 명의 소련 우주 비행사들은 우주 공간에서 대단히 장엄한 광경을 목격했다고 말했습니다. 그들은 빛나는 천사들을 보았던 것입니다! 〈월드 뉴스〉지의 기사를 보면, 우주 비행사 블래드미르 솔로베프, 올레그 아트코프, 레오니드 키짐이 항해 155일째 되던 날, 우주 정거장 "살야트 7호"에 도킹해 있는 동안 처음으로 천사를 보았다고 합니다. "우리는 7개의 사람 모양을 한 거대한 형체를 보았어요. 하지만 그 형체들은 날개가 달렸고 안개 같은 후광이 비치고 있었는데, 우리가 알고 있는 천사의 모습과 똑같았지요." 나머지 세 명의 우주 비행사들은 12일 후에 다시 나타난 천사의 모습을 보았습니다. 여성 비행사 스베트란 사비츠카야는 다음과 같이 말했습니다: "천사들은 영광스러운 비밀을 간직하고 있는 것처럼 미소 짓고 있었어요."

*또 이르시되 진실로 진실로 너희에게 이르노니 하늘이 열리고 하나님의 사자들이 인자 위에 오르락 내리락 하는 것을 보리라 하시니라(요 1:51); I tell you for certain that you will see heaven open and God's angels going up and coming down on the Son of Man.(Jn 1:51)

영성지도자 헨리 나우웬과 함께 하는 40일 치유기도

반항심
15일째

주님,
용서해 주옵소서.
욕망, 탐욕, 분노,
원망, 질투, 복수 등이
제 마음에 커다란 슬픔을 불러일으킵니다.
비오니, 깊이 뿌리내린
주님에 대한 반항심을 내려놓게 하옵소서.
저 자신을 주님의 사랑에
철저히 복종시킴으로써
새로운 인간으로 거듭나게 하옵소서.
저에게 주님의 아들 신분을
완전히 회복시켜 주옵소서.
주님의 자비하신 축복 속에
제 상처 입은 팔을 내밀게 하옵소서.
오늘도 자녀들이
돌아오기만을 고대하시는
예수님의 이름으로 기도드립니다.
아멘.

*너희가 성경에서 영생을 얻는 줄 생각하고 성경을 연구하거니와 이 성경이 곧 내게 대하여 증언하는 것이니라 그러나 너희가 영생을 얻기 위하여 내게 오기를 원하지 아니하는도다(요 5:39-40); You search the Scriptures, because you think you will find eternal life in them. The Scriptures tell about me, but you refuse to come to me for eternal life.(Jn 5:39-40)

> 영성지도자 헨리 나우웬과 함께 하는 40일 치유기도

때때로 실망하더라도
16일째

주님,
도망가지도 포기하지도
기도를 멈추지도 않겠습니다.
이 모든 일이 소용없고 의미 없고
시간도 노력도 낭비하는 것처럼 보일지라도
그만 두지 않겠습니다.
주님 사랑을 느끼지 못할지라도
제가 주님을 사랑하고 있음을,
제가 때때로 실망하더라도
여전히 주님께 희망을 걸고 있음을 아셨으면 합니다.
이것이 저보다 더 고통 받는
수백만의 인류와 연대하게 하시는,
주님과 함께,
주님을 위하여 당하는
작은 죽음이 되게 하옵소서.
예수님의 이름으로 기도드립니다.
아멘.

---

*세상이 너희를 미워하지 아니하되 나를 미워하나니 이는 내가 세상의 일들을 악하다고 증언함이라(요 7:7); The people of this world cannot hate you. They hate me, because I tell them that they do evil things.(Jn 7:7)

영성지도자 헨리 나우웬과 함께 하는 40일 치유기도

너무나 어지럽습니다
17일째

주님,
저는 지금 꼭 어둠 속에서
더듬고 있는 것 같습니다.
주님은 저에게 많은 것을 주셨건만,
저는 아직도 주님의 임재 안에
조용히 머물러 있기가 어렵습니다.
제 마음은 여러 가지 생각과
계획과 기억과 공상들로 너무나 어지럽습니다.
아무리 노력해도
중요하지 않은 일에 이리저리 이끌리고
값싼 보화에 마음이 묶입니다.
비오니, 주님과만 있게 하옵소서.
주님 말씀에 집중하고
주님 음성에 귀 기울이고
주님 계시하시는 대로
주님 바라보게 하옵소서.
예수님의 이름으로 기도드립니다.
아멘.

*그들이 예수를 잡고자 하나 손을 대는 자가 없으니 이는 그의 때가 아직 이르지 아니하였음이러라(요 7:30); Some of the people wanted to arrest Jesus right then. But no one even laid a hand on him, because his time had not yet come.(Jn 7:30)

영성지도자 헨리 나우웬과 함께 하는 40일 치유기도

주님의 영
18일째

주님,
위로부터 주시는 능력을 기다립니다.
주님의 영으로부터
흘러넘치는 능력이 없이는
한 마디도
기도를 할 수가 없기 때문입니다.
비오니, 주님의 영을 보내셔서
그 영이 제 안에서 기도하게 하옵소서.
제 안에서 "주 예수여!"라고,
"아바 아버지여!"라고 부르게 하옵소서.
주님, 저는 기다리고 있습니다.
기대하고 있습니다.
주님의 영을 주시지 않은 채
저를 떠나지 마옵소서.
하나 되게 하시고
위로를 주시는 주님의 영,
그 영을 주옵소서.
예수님의 이름으로 기도드립니다.
아멘.

---

*명절 끝날 곧 큰 날에 예수께서 서서 외쳐 이르시되 누구든지 목마르거든 내게로 와서 마시라 나를 믿는 자는 성경에 이름과 같이 그 배에서 생수의 강이 흘러나오리라 하시니(요 7:37-38); On the last and most important day of the festival, Jesus stood up and shouted, "If you are thirsty, come to me and drink! Have faith in me, and you will have life-giving water flowing from deep inside you, just as the Scriptures say."(Jn 7:37-38)

영성지도자 헨리 나우웬과 함께 하는 40일 치유기도

제 손을 펴 주옵소서
19일째

주님,
모든 것을 제 스스로
계획하며 살고 싶습니다.
제 자신의 운명을
제 맘대로 결정하고 싶습니다.
하지만 저는 알고 있습니다.
주님 하시는 말씀을.
"내가 너의 손을 잡고
너를 이끌어 가게 하여라.
나의 사랑을 받아들여라.
그리고 믿어라.
내가 너를 이끌어 가는 곳이
네 마음 깊은 곳에 자리한
희망들이 이루어질 곳이라는 사실을."
주님, 주님 주시는
사랑의 선물을 받아들일 수 있도록
제 손을 열어 주옵소서.
제 손을 펴 주옵소서.
예수님의 이름으로 기도드립니다.
아멘.

*그러나 보라 내가 이 성읍을 치료하며 고쳐 낫게 하고 평안과 진실이 풍성함을 그들에게 나타낼 것이며(렘 33:6); Then someday, I will heal this place and my people as well, and let them enjoy unending peace.(Jer 33:6)

> 영성지도자 헨리 나우웬과 함께 하는 40일 치유기도

믿음을 더 깊게
20일째

주님,
표적과 기사를 보여주셔야만
제 믿음이 자랄 수 있노라
얼마나 기도했던지요.
다메섹으로 가는 바울에게 나타나신 것처럼
저에게도 그리 나타나 주셨으면 했습니다.
의심과 주저함을 한방에 날려버릴 만한
주님의 극적인 임재를 바랐습니다.
그러나 주님은 말씀하셨습니다.
제가 알지 못하는 것은
믿음이 없기 때문이라고.
비오니, 제 믿음을 더 깊게
더 강하게 하시어,
주님이 제 곁에 계시다는 표적을
새로운 눈으로 보고
새로운 귀로 듣게 하옵소서.
예수님의 이름으로 기도드립니다.
아멘.

*그러므로 예수께서 자기를 믿은 유대인들에게 이르시되 너희가 내 말에 거하면 참으로 내 제자가 되고 진리를 알지니 진리가 너희를 자유롭게 하리라(요 8:31-32); Jesus told the people who had faith in him, "If you keep on obeying what I have said, you truly are my disciples. You will know the truth, and the truth will set you free."(Jn 8:31-32)

희망과 기적을 창조하는 이야기 치유기도

그리스도의 이름으로 멈추시오!
로버트 스트랜드

　이 이야기는 4세기의 그리스도교 수도사 텔레마커스에 관한 얘기입니다.
　그는 이탈리아의 한 외딴 마을에서 정원도 가꾸고 기도도 많이 하며 살고 있었습니다. 어느 날 그는 로마에 가라는 신의 목소리를 들었거나 아니면 적어도 그러한 영감을 얻었다고 생각했지요. 그래서 그 즉시 준비를 하고 여정에 올랐답니다. 드디어 몇 주간의 피곤한 여정을 마치고 로마에 도착했을 때는 커다란 축제가 열리고 있었습니다. 축제에 대하여 아무것도 몰랐던 그는 군중들을 따라갔습니다. 군중들은 계속해서 몰려들고 있었고 길을 따라 물밀듯이 내려가서 콜로세움으로 모여들었지요. 그는 검투사들이 황제 앞에 서서 "곧 죽게 될 저희들이 폐하께 경의를 표합니다!"라고 말하는 걸 보았습니다. 그는 그 때 그들이 왁자지껄하게 떠들고 있는 군중들 앞에서 그 날 싸우다 죽게 될 운명이라는 걸 알았지요. 텔레마커스는 외쳤습니다. "그리스도의 이름으로 명하노니, 그만 두시오!"
　그러나 아무도 그 소리를 듣지 못했고 가까이 있던 사람들조차도 그에게 반응을 보이지 않았습니다. 드디어 시합이 시작되었고 검투사들은 치열한 전투를 벌였습니다. 수도사는 소리를 지르고 있는 군중들 사이를 뚫고 담을 넘어 그 추악한 싸움터로 몸을 던졌습니다. 관중들은 자그마한 사내가 "그리스도의 이름으로 명하노니, 멈추시오!"라고 외치며 검투사들 쪽으로 뛰어가는 모습을 흥미있게 쳐다보았습니다.
　수도사는 계속해서 외치며 뛰어가 결국은 멍하니 보고 있던 검투사들 사이를 막아섰습니다. 그 모습을 지켜보며 웃고 있던 관중들은 이 사건이 시합의 일부가 아니라는 걸 알게 되자 노여움과 고함으로 바뀌어 버렸지요. 텔레마커스는 검투사들에게 시합을 중단하라고 간청하다

여의치 않자 돌아서서 황제에게 이 학살을 끝내 달라고 간청했습니다. 그 가운데 한 검투사가 그를 칼로 찔렀습니다. 수도사는 모래 위로 넘어져 피를 흘리며 죽어가면서도 마지막으로 외쳤습니다. "그리스도의 이름으로 명하노니, 멈추시오!" 이제 관중들은 잠잠해졌고 그의 마지막 간청을 모두 듣고 있었습니다.

그 때 이상한 일이 일어났습니다. 검투사들이 모래 위에서 피를 흘리며 쓰러져 있는 조그만 사내를 보고 있을 때 관중들은 그 드라마 같은 광경에 넋을 잃고 말았던 것이지요. 위 쪽의 한 줄에서 한 사람이 일어나서 천천히 출구 쪽으로 가기 시작했습니다. 다른 사람들도 그의 뒤를 따랐습니다. 곧 모든 사람들이 숨죽인 채로 콜로세움을 떠나 버렸지요.

그 때가 서기 391년이었고, 그 이후로 로마의 콜로세움에서 더 이상 죽음의 전투는 벌어지지 않게 되었습니다. 그 사건을 통해 로마 사회의 생각이 바뀌어 버린 거지요. 조그마한 외침, 떠들고 고함치는 소리에 가려 거의 들리지도 않았던 조그만 외침 때문에 사람들의 생각이 바뀐 것입니다. 단지 한 사람의 작은 외침, 얼굴도 모르는 한 사람이 하나님의 이름으로 진실을 외치고자 했던 것입니다. 보잘 것 없던 한 생명이 그렇게 큰 일을 일구어 낸 것입니다!

---

*오직 강하고 극히 담대하여 나의 종 모세가 네게 명령한 그 율법을 다 지켜 행하고 우로나 좌로나 치우치지 말라 그리하면 어디로 가든지 형통하리니 (수 1:7); So be strong and brave! Be careful to do everything my servant Moses taught you. If you obey it completely, you and Israel will be able to take this land.(Jos 1:7)

영성지도자 헨리 나우웬과 함께 하는 40일 치유기도

너무 잘 알았기에
21일째

주님,
주님은 지금 여기에 계십니다.
제자들과 함께 일하실 때처럼
지금도 주님은 이적을 행하십니다.
많은 사람이 주님을
너무 잘 '알았기'에
진실로 알지 못하였습니다.
주님께서 지금 여기서 행하시는
놀라운 일을 보지 못하는 것도
저의 눈이 멀고
저의 귀가 먹었기 때문입니다.
비오니, 제가 주님을 알아보게 하옵소서.
제 마음과 정신과 영혼을 모아
"주님은 그리스도시며
살아 계신 하나님의 아들이십니다."라고
고백하게 하옵소서.
예수님의 이름으로 기도드립니다.
아멘.

*하나님께 속한 자는 하나님의 말씀을 들으니 너희가 듣지 아니함은 하나님께 속하지 아니하였음이로다(요 8:47); Anyone who belongs to God will listen to his message. But you refuse to listen, because you don't belong to God.(Jn 8:47)

두려움 반, 기대 반
22일째

주님,
어쩌면 이렇게도 빨리
이 40일 치유기도 기간이 휙 지나가 버리는지요.
두려움 반, 기대 반으로
이 치유기도를 시작했는데.
놀랍도록 비약하리라,
강력하게 회심하리라,
진정으로 변화되리라 고대했는데.
마지막 40일이 되면
빛으로 가득 차
제 영혼 속에 어둠이라곤
흔적도 찾아보기 힘들 것이라 예견했는데.
그러나 주님,
주님께서는 주님의 백성들에게
천둥으로, 번개로 임하지 않으심을
감사하게 하옵소서.
가파르지 않은 방법으로
우리를 이끄시는 예수님의 이름으로 기도드립니다.
아멘.

*예수께서 마음속으로 깊이 탄식하시며 이르시되 어찌하여 이 세대가 표적을 구하느냐 내가 진실로 너희에게 이르노니 이 세대에 표적을 주지 아니하리라 하시고(막 8:12); Jesus groaned and said, "Why are you always looking for a sign? I can promise you that you will not be given one!"(Mk 8:12)

영성지도자 헨리 나우웬과 함께 하는 40일 치유기도

뒷걸음질
23일째

주님,
저는 제가 가야 할 길을
매우 분명히 알고 있습니다.
그러기 위하여
어떤 희생이 필요한지도
잘 알고 있습니다.
저는 주님 안에서
사는 방법에 대하여
청산유수로 떠들 수도 있습니다.
하지만 제 마음은 어쩐지 망설여집니다.
내면 깊이 자리한 자아는
아직도 뒷걸음질 치려 합니다.
"압니다, 하지만……" 하면서
거래를 하려 합니다.
비오니, 주님께서 저를
사랑하신다는 것을,
두 팔을 펴시고
저를 기다리신다는 것을
잊지 않게 하옵소서.
예수님의 이름으로 기도드립니다.
아멘.

*여기 한 아이가 있어 보리떡 다섯 개와 물고기 두 마리를 가지고 있나이다 그러나 그것이 이 많은 사람에게 얼마나 되겠사옵나이까(요 6:9); "There is a boy here who has five small loaves w) of barley bread and two fish. But what good is that with all these people?"(Jn 6:9)

소원
24일째

주님,
눈물 가득한 눈으로 보고 계시지요?
자녀인 저희들이
주님 주신 바로 그 생명을
파괴하고 있는 모습을.
하지만 아버지이신 주님은 또한 아십니다.
저를 강제로 주님께
돌아가도록 할 수가 없음을.
제 스스로 돌아갈 때,
바로 그 때 주님은 즐거이,
기꺼이 사랑을 주십니다.
비오니, 주님께 돌아가려는
소원을 들어주옵소서.
이 싸움에 홀로 두지 마옵소서.
영원한 저주에서 구하시어
아름다우신 주님 얼굴을 뵙게 하옵소서.
오소서, 주 예수여, 오소서.
예수님의 이름으로 기도드립니다.
아멘.

---

*썩을 양식을 위하여 일하지 말고 영생하도록 있는 양식을 위하여 하라 이 양식은 인자가 너희에게 주리니 인자는 아버지 하나님께서 인치신 자니라(요 6:27); "Don't work for food that spoils. Work for food that gives eternal life. The Son of Man will give you this food, because God the Father has given him the right to do so." (Jn 6:27)

희망과 기적을 창조하는 이야기 치유기도

고속도로에 쓰러진 아이
제임스 휴트

　수년 전에 크리스마스를 몇 주 앞두고 캘리포니아 남부에서 있었던 일입니다. 내 친구 가운데 한 명이 그 당시 어느 지방 교회에서 부목사를 하고 있을 때 있었던 일을 나에게 들려주었습니다. 그는 아내와 함께 크리스마스 준비를 위하여 쇼핑을 하고난 다음, 차의 앞좌석에 앉아서 부지런히 이야기를 하며 고속도로를 달리고 있었지요. 그때 딸은 혼자서 뒷좌석에 앉아 있었습니다.
　그런데 갑자기 뒷문이 열리더니 처음 들어보는 이상한 소리가 들려왔습니다. 바람 소리가 휭하니 나더니, '악' 하는 외마디 비명소리가 났지요. 그래서 재빨리 뒤를 돌아보니 아이가 차에서 떨어져 고속 도로 위에 쓰러져 있는 것이었습니다.
　순간 공포가 엄습해 왔습니다. 그래서 아내는 브레이크를 잡고 차에서 내려 얼른 아이를 찾아 뒤쪽으로 뛰어갔습니다. 아이는 움직이지 않고 있었지요. 그런데 이상한 일이었습니다. 뒤따라오던 차들이 모두 딸이 쓰러진 곳 앞에서 마치 주차장인양 서 있는 것이 아니겠습니까! 아이는 차에 치이지 않았던 것입니다. 놀라운 일이 아닐 수 없었지요! 하지만 그게 끝이 아니었습니다.
　그들이 다가가 보니 트럭 운전사가 뛰어 내려와 딸아이를 굽어보고 있었습니다. 그가 말했지요. "아이가 아직 살아 있어요. 가까운 곳에 병원이 있으니 아이를 옮기도록 합시다." 그는 부모들과 함께 아이를 데리고 자신의 트럭으로 가까운 병원까지 갔습니다. 비록 아이는 의식을 잃었지만 아직 숨은 쉬고 있었지요. 바로 두 번째 놀라운 일이었습니다.

그들이 병원에 도착하여 응급실에 왔을 때 의사가 재빠르게 와서 아이를 체크해 보았습니다. 마침내 의사가 말했지요. "의식이 없고 상처가 난 것만 제외하면 아주 좋은 상태에 있습니다. 뼈도 전혀 부러진 곳이 없습니다. 혈압도 정상이고 심장도 괜찮습니다. 아주 좋군요." 상처라 할 만한 건 한 군데도 없었습니다. 단지 멍이 들었고 고속 도로 위에서 나뒹구느라 피부가 좀 벗겨졌을 뿐이었지요. 세 번째 놀라움이었습니다.

어머니는 아이를 굽어보았습니다. 그녀의 눈은 눈물로, 그녀의 가슴은 놀라움에 대한 감사로 가득하였습니다. 갑자기 아이가 눈을 뜨고 어머니를 바라보며 말했지요. "엄마, 나 하나도 무섭지 않았어요." 놀라서 어머니가 물었습니다. "그게 무슨 말이니?"

"제가 고속도로 위에서 엄마, 아빠가 오실 때까지 기다리는 동안 하나도 무섭지 않았어요. 왜냐하면 예수님이 뒤에 오는 차를 손으로 막고 계신 걸 봤거든요." 바로 네 번째 놀라운 일이 그것입니다!

---

*기록되었으되 하나님이 너를 위하여 그 사자들을 명하사 너를 지키게 하시리라 하였고(눅 4:10-11); The Scriptures say: "God will tell his angels to take care of you. They will catch you in their arms, and you will not hurt your feet on the stones." (Lk 4:10-11)

영성지도자 헨리 나우웬과 함께 하는 40일 치유기도

주님을 떠나서는
25일째

주님,
주님은 하나님의 사랑으로
성육신하신 분입니다.
주님은 그 무한하신 긍휼을
드러내신 분입니다.
주님은 아버지의 거룩하심을
나타내신 분입니다.
주님, 주님은 아름다움과 선함이십니다.
주님은 너그러움과 용서와 자비이십니다.
주님, 주님께는 모든 것이 있습니다.
주님을 떠나서는
아무것도 할 수 없습니다.
제가 주님을 떠나
무엇을 찾겠습니까?
제가 주님을 떠나
어디로 가겠습니까?
비오니, 오늘도
주님을 바라보게 하옵소서.
예수님의 이름으로 기도드립니다.
아멘.

*예수께서 이르시되 나는 생명의 떡이니 내게 오는 자는 결코 주리지 아니할 터이요 나를 믿는 자는 영원히 목마르지 아니하리라(요 6:35); Jesus replied: I am the bread that gives life! No one who comes to me will ever be hungry. No one who has faith in me will ever be thirsty.(Jn 6:35)

영성지도자 헨리 나우웬과 함께 하는 40일 치유기도

주님은
26일째

주님,
주님께는 영생의 말씀이 계십니다.
주님, 주님은 음식이며 물이십니다.
주님, 주님은 길이요 진리요 생명이십니다.
주님, 주님은 어둠 가운데 비치는 빛이십니다.
주님, 주님은 등경 위의 불이십니다.
주님, 주님은 산 위에 있는 집이십니다.
주님, 주님은 하나님의 온전한 형상이십니다.
하여, 두 손 모아 비오니,
주님 안에서, 그리고 주님을 통하여,
제가 하늘 아버지께로 나아가는 길을
보고 찾을 수 있도록 도와주옵소서.
예수님의 이름으로 기도드립니다.
아멘.

*나는 하늘에서 내려온 살아 있는 떡이니 사람이 이 떡을 먹으면 영생하리라 내가 줄 떡은 곧 세상의 생명을 위한 내 살이니라(요 6:51); I am that bread from heaven! Everyone who eats it will live forever. My flesh is the life-giving bread that I give to the people of this world.(Jn 6:51)

아름다우신 분
27일째

주님,
주님은 거룩하신 분입니다.
주님은 아름다우신 분입니다.
주님은 영광스러운 분입니다.
그러므로 비오니,
저의 주인이 되시고
저의 구주가 되어 주옵소서.
저의 구원자가 되시고
저의 인도자가 되어 주옵소서.
저의 상담자가 되시고
저의 위로자가 되어 주옵소서.
저의 희망,
저의 기쁨,
저의 평안이 되어 주옵소서.
주님 안에서
살아 있다는 싱싱한 느낌을 느끼게 하시고,
주님 안에서
인생의 궁극적인 목적을 발견하게 하옵소서.
예수님의 이름으로 기도드립니다.
아멘.

---

*내 살을 먹고 내 피를 마시는 자는 영생을 가졌고 마지막 날에 내가 그를 다시 살리리니 내 살은 참된 양식이요 내 피는 참된 음료로다(요 6:54-55); But if you do eat my flesh and drink my blood, you will have eternal life, and I will raise you to life on the last day. My flesh is the true food, and my blood is the true drink.(Jn 6:54-55)

주님의 것
28일째

주님,
주님께 오늘도
저의 모든 것을 드리기 원합니다.
제가 오늘도 만나는 모두에게
그리고 만나는 모든 일에
너그러울 수 있도록 해주옵소서.
인색하지 않게 하옵소서.
머뭇거리지 않게 해주옵소서.
저의 모든 것,
생각하고 행동하고 느끼는 이 모든 것을
주님께 드리게 해주옵소서.
이 모든 것이 주님의 것입니다.
주님, 오늘도
이 모든 것을 꼭 받아 주옵소서.
그리하여 이 모든 것을
온전히 주님의 것으로 삼아 주옵소서.
예수님의 이름으로 기도드립니다.
아멘.

*시몬 베드로가 대답하되 주여 영생의 말씀이 주께 있사오니 우리가 누구에게로 가오리이까 우리가 주는 하나님의 거룩하신 자이신 줄 믿고 알았사옵나이다(요 6:68-69); Simon Peter answered, "Lord, there is no one else that we can go to! Your words give eternal life. We have faith in you, and we are sure that you are God's Holy One."(Jn 6:68-69)

영성지도자 헨리 나우웬과 함께 하는 40일 치유기도

희망의 문턱
29일째

주님,
희망의 문턱에서
주님께 감사를 드립니다.
40일 치유기도의 영성순례 과정에서
이제 그 마지막 회복의 날이 서서히
다가오고 있음을 새삼 느끼게 됩니다.
해가 더 길어지고,
눈은 녹아내리고 있습니다.
햇살은 따스하고 새들은 노래합니다.
어제는 밤 기도시간에
고양이 울음소리를 들었습니다.
희망이 도처에서
그 세미한 음성을 알리고 있습니다.
주님, 이러한 때
저희 영혼이 더욱 더 맑아지게 하옵소서.
희망의 주파수를 맞추듯,
주님의 음성에
주파수를 맞추게 하옵소서.
예수님의 이름으로 기도드립니다.
아멘.

*무리와 제자들을 불러 이르시되 누구든지 나를 따라오려거든 자기를 부인하고 자기 십자가를 지고 나를 따를 것이니라(막 8:34); Jesus then told the crowd and the disciples to come closer, and he said: If any of you want to be my followers, you must forget about yourself. You must take up your cross and follow me.(Mk 8:34)

바로 이 자리에
30일째

주님,
주님을 기다리는 이 순간에도
저는 이 세상에서 사랑받고 인정받고
평안을 맛보려 애쓰고 있습니다.
끊임없이 엄습해 오는
소외감과 분리감에서 벗어나려고
안간힘을 쓰고 있습니다.
그러나 간간이 밀려드는 소속감보다
깊은 고적감이 저를 더
주님께 가까이
결합시켜 주고 있는 것은 아닌지요?
제가 주님을 맞이해야 할 자리는 어디입니까?
오소서, 주 예수님,
제가 한없이 가난하다 느끼는
바로 이 자리에
저와 함께 해주옵소서.
예수님의 이름으로 기도드립니다.
아멘.

*제자들이 물어 이르되 랍비여 이 사람이 맹인으로 난 것이 누구의 죄로 인함이니이까 자기니이까 그의 부모니이까 예수께서 대답하시되 이 사람이나 그 부모의 죄로 인한 것이 아니라 그에게서 하나님이 하시는 일을 나타내고자 하심이라(요 9:2-3); Jesus' disciples asked, "Teacher, why was this man born blind? Was it because he or his parents sinned?" "No, it wasn't!" Jesus answered. "But because of his blindness, you will see God work a miracle for him.(Jn 9:2-3)

희망과 기적을 창조하는 이야기 치유기도

믿음
로버트 스트랜드

콜로라도 산지에서만 사는 어떤 미지의 새를 빼면 미국의 모든 새를 관찰한 바 있는 세계적으로 유명한 한 조류 연구가가 이 진기한 새를 관찰하기 위하여 여행을 떠났습니다. 드디어 이틀 후에 그 새를 발견하고는 그 새의 크기와 아름다움에 사로잡히고 말았지요. 그래서 그는 자신이 거의 벼랑 끝까지 왔다는 것도 잊어버리고 그 희귀하고 아름다운 새를 향하여 걷기 시작했습니다. 결국 그는 벼랑에서 떨어졌습니다. 하지만 그는 굴러 떨어지다가 간신히 나무를 잡을 수 있었지요. 벼랑 꼭대기로부터는 백 피트 아래 지점이었고 벼랑 아래로부터는 천 피트 되는 지점에서 그는 매달려 있게 되었습니다.

그는 힘껏 도와 달라고 소리를 질렀지요. 그러자 그 순간 그를 안심시키는 소리가 들려왔습니다.

"내가 여기 있다!"

"당신은 누구시죠?" 누군가가 자신의 소리를 들었다는 것에 놀란 그가 물었습니다.

"너의 주님이다!"

"오오, 주님 정말정말 고맙습니다. 더 이상은 오래 버틸 수가 없습니다."

"근데, 내가 너를 돕기 전에 네가 나를 믿고 있는지 알고 싶구나."

"주여, 진심으로 주님을 믿고 있습니다. 저는 일요일마다 교회에 나가고 어떨 때는 수요일에도 교회에 나갑니다. 그리고 잘 이해하지는 못하더라도 적어도 일주일에 한 번은 성경을 읽고 있구요. 또 적어도 이틀에 한 번은 기도를 드리며 매주 몇 천 원씩 헌금을 하고 있습니다."

"그런데 네가 정말로 나를 믿고 있느냐?"

그 남자는 점점 더 다급해지고 있었습니다.

"주여, 주님께서는 제가 얼마나 주님을 믿고 있는지 알지 못하실 겁니다. 저는 백 퍼센트 주님을 따르고 있으며 주님께서 말씀하신 것들을 완전히 믿고 있습니다. 믿습니다, 주여!"

"훌륭하구나! 자, 그러면 나뭇가지를 놓거라!"

"예에……?"

"네가 정말 나를 믿는다면, 나뭇가지를 놓거라!"

그 남자는 잠시 침묵하더니 "위에 누구 없어요?"라고 소릴 질렀습니다. 믿음이란 행동하기 전까지는 믿음이 아닙니다! 누가 감히 자신의 신념이 시험 당할 때 그것을 극복하는 것이 쉬운 일이라고 말했던가요? 머릿속으로 이리저리 굴려 보는 것은 믿음이 아닙니다.

바로 믿음이란 실체이며, 믿음이 행동으로 보여질 때라야 비로소 사실로 나타나는 것입니다.

다른 제자들도 예수를 믿는다고 말은 했지만 오로지 베드로만이 물 위를 걸었지요. 물론 그가 걷다보니 물에 젖기도 했으리라는 건 알고 있지만, 그는 몸소 행함으로써 그 경이로운 역사를 이뤄낼 수 있었습니다!

---

*믿음이 없이는 하나님을 기쁘시게 하지 못하나니 하나님께 나아가는 자는 반드시 그가 계신 것과 또한 그가 자기를 찾는 자들에게 상 주시는 이심을 믿어야 할지니라(히 11:6); But without faith no one can please God. We must believe that God is real and that he rewards everyone who searches for him.(Heb 11:6)

파도
31일째

주님,
주님의 힘이 저희를 둘러쌀 때
저희는 더 이상
'내 영혼아, 어찌하여
네가 그렇게 낙심하느냐?' 라고 말하지 않습니다.
다만 비오니,
사슴이 시냇물 바닥에서
물을 찾아 헐떡이듯이,
늘 주님을 그리워하게 하옵소서.
저의 가장 깊은 내면에서
으르렁거리고 있는
탐욕과 쾌락과 폭력과
분노의 파도를 직시하게 하옵소서.
주님, 지금 굽이치는
저 분노의 파도는 지나갔으니,
주님의 용서로 치유하는
평안을 느끼게 하옵소서.
예수님 이름으로 기도드립니다. 아멘.

*나는 선한 목자라 나는 내 양을 알고 양도 나를 아는 것이 아버지께서 나를 아시고 내가 아버지를 아는 것 같으니 나는 양을 위하여 목숨을 버리노라(요 10:14-15); I am the good shepherd. I know my sheep, and they know me. Just as the Father knows me, I know the Father, and I give up my life for my sheep.(Jn 10:14-15)

불꽃
32일째

주님,
주님의 눈은
하나님의 끝없는 사랑,
그리고 그 사랑 믿지 못하고
목자 없는 양처럼 되어버린
뭇사람들의 끊일 줄 모르는 고뇌를
단번에 알아보십니다.
주님의 눈은
저의 가장 은밀한
자아를 꿰뚫어 보시는
뜨거운 불꽃만 같습니다.
그러면서도 그 불꽃은
정화하시고 치유하시는 불꽃인지라
위로를 얻게 됩니다.
비오니,
한없이 자상하시고
한없이 깊으시고
한없이 친근하시고
한없이 고독하시고
한없이 은근하신
그 눈으로
저를 품어 주옵소서.
예수님의 이름으로 기도드립니다. 아멘.

*내 양은 내 음성을 들으며 나는 그들을 알며 그들은 나를 따르느니라 내가 그들에게 영생을 주노니 영원히 멸망하지 아니할 것이요 또 그들을 내 손에서 빼앗을 자가 없느니라(요 10:27-28); My sheep know my voice, and I know them, They follow me, and I give them eternal life, so that they will never be lost. No one can snatch them out of my hand.(Jn 10:27-28)

영성지도자 헨리 나우웬과 함께 하는 40일 치유기도

주바라기
33일째

주님,
주님을 바라보고
주님의 두 눈을 응시하고 있노라면,
형언할 길 없는 평화를 맛보게 됩니다.
그래서 갈수록
주님의 눈앞에 드러나고 싶습니다.
자비로우신 그 눈길을 받으며 살고 싶습니다.
주님이 지켜보시는 가운데
날로 강하고
날로 온유한 사람이 되고 싶습니다.
주님, 주님이 바라보시는 것,
곧 하나님의 사랑과 인간의 고통을
저도 바라보게 해주옵소서.
그리하여 제 눈이
상처 입은 마음들을 치유하시는
주님의 그 눈을 닮아가게 해주옵소서.
예수님의 이름으로 기도드립니다.
아멘.

*예수께서 이르시되 나는 부활이요 생명이니 나를 믿는 자는 죽어도 살겠고 무릇 살아서 나를 믿는 자는 영원히 죽지 아니하리니 이것을 네가 믿느냐(요 11:25-26); Jesus then said, "I am the one who raises the dead to life! Everyone who has faith in me will live, even if they die. And everyone who lives because of faith in me will never really die. Do you believe this?"(Jn 11:25-26)

모순

34일째

주님,
저는 이제껏
준비해야 할 수업,
해야 할 강연,
끝마쳐야 할 논문,
만나야 할 사람,
걸어야 할 전화,
답장해야 할 편지들로
온통 둘러싸여 있었습니다.
저는 그게 성공이라고 여겼습니다.
하지만 요구하는 것들이
너무 많다고 불평하면서도,
막상 요구하는 게
아무것도 없을라치면
마음이 불편하였습니다.
홀로 있기를 갈망하면서도,
정작 홀로 남겨지는 것을
몹시 두려워하였습니다.
비오니, 저를
이 모순과 환영과 강박증으로부터
치유하여 주옵소서.
예수님의 이름으로 기도드립니다.
아멘.

*이 말씀을 하시고 큰 소리로 나사로야 나오라 부르시니 죽은 자가 수족을 베로 동인 채로 나오는데 그 얼굴은 수건에 싸였더라 예수께서 이르시되 풀어 놓아 다니게 하라 하시니라(요 11:43-44); When Jesus had finished praying, he shouted, "Lazarus, come out!" The man who had been dead came out. His hands and feet were wrapped with strips of burial cloth, and a cloth covered his face. Jesus then told the people, "Untie him and let him go."(Jn 11:43-44)

> 희망과 기적을 창조하는 이야기 치유기도

가레뜨의 천사
로버트 스트랜드

두 가지가 부족합니다. 만일 여러분이 대학생이었다면 이보다는 훨씬 많이 있었을지도 모르지요. 그 두 가지란 바로 충분한 수면과 집에 갈 돈입니다. 마가레뜨는 먼 곳에 있는 대학을 다녔지만 항상 부지런하고 열심히 공부하는 대학 2년생이었습니다. 그녀는 기숙사에서 지냈지요. 기숙사 생활이라는 게 늘 그렇듯이 항상 잠이 부족했습니다. 여학생들이라서 밤이면 공부하거나 남학생들과 얘기를 하느라 밤은 늘 짧았지요.

크리스마스 휴가가 다가오고 있었습니다. 그것은 곧 그녀가 집에 갈 수 있는 날이 얼마 남지 않았다는 뜻이지요. 그러나 항상 그렇듯 대학 교수들은 인자함이 없는지 방학이 시작하기 꼭 이틀이나 사흘 전에 시험 일정을 잡아 놓는 것입니다. 그래서 또 다시 극복하기 힘든 잠과 싸움을 해야만 했습니다.

금요일 수업이 끝나자마자 마가레뜨는 방에 가서 직접 산 선물 몇 가지와 짐을 챙겨서 집으로 향했습니다. 그녀는 버스 뒤쪽의 끝자리로 티켓을 샀지요. 그 자리는 뒷문 옆에 있는 좌석이라서 미네소타 주의 만카토까지 아무런 방해도 받지 않고 한 잠 늘어지게 잘 수 있는 자리였습니다.

행복했습니다. 그냥 몸을 쭉 펴고 자는 것뿐이었는데 말입니다. 버스 안에서 들리는 유일한 소리라고는 사람들이 속삭이는 소리뿐이었고, 고속도로를 달리는 바퀴 소리는 자장가처럼 그녀를 쉽게 잠으로 빠지게 하였습니다. 한참 단잠을 자는데 버스가 흔들리는 바람에 그녀의 어깨가 뒷문에 닿았지요. 그러다가 점점 더 문에 기대게 되었습니다.

그런데 갑자기 경고도 없이 그녀가 기대고 있는 문이 열렸습니다. 순간 그녀는 문간 밖으로 떨어질 지경이었고 머리와 어깨는 이미 문 밖으로 나왔습니다. 그래서 그녀는 본능적으로 자신이 검은 콘크리트 바닥으로 떨어지고 있구나라는 걸 느꼈지요. 이제 죽는구나! 그녀는 난간을 잡으려고 했지만 놓치고 말았습니다. 그래서 그녀는 그 순간에 짤막하지만 간절하게 기도했습니다. "하나님, 저를 살려 주세요!"

그 순간, 어떤 커다란 손이 그녀를 잡아 올려 다시 버스 안으로 인도하는 느낌을 받았습니다.

버스 운전사가 뒤쪽 통로로 뛰어 왔습니다. 그는 마가레뜨에게 물었지요. "괜찮습니까? 문이 왜 열린 건지 모르겠네요. 뭐 잃어버린 건 없소?" 여전히 충격에서 헤어나지 못하면서도 그녀는 "괜찮아요. 아무 문제도 없어요."라고 대답했답니다.

"어떻게 버스에서 떨어지지 않고 버틸 수 있었지요?"

"제 생각엔 하나님이 도와주신 것 같아요."

*네가 물 가운데로 지날 때에 내가 너와 함께 할 것이라 강을 건널 때에 물이 너를 침몰하지 못할 것이며 네가 불 가운데로 지날 때에 타지도 아니할 것이요 불꽃이 너를 사르지도 못하리니(사 43:2); When you cross deep rivers, I will be with you, and you won't drown. When you walk through fire, you won't be burned or scorched by the flames.(Isa 43:2)

> 영성지도자 헨리 나우웬과 함께 하는 40일 치유기도

응답
35일째

주님,
이 거룩한 시간에
제가 무슨 말씀을 드릴 수 있겠습니까?
제 입에서 어떤 말이,
어떤 생각이,
어떤 문장이 나올 수 있겠습니까?
주님은 저를 위하여
십자가에서 죽으셨습니다.
주님은 저의 죄를 위하여
모든 것을 다 주셨습니다.
주님은 저를 위하여
인간이 되셨을 뿐만 아니라,
저를 위하여 가장 참혹한 죽임을 당하셨습니다.
어떤 응답을 해야 합니까?
제가 주님께 가장 적절한
응답을 드릴 수 있도록
지혜를 내려 주옵소서.
예수님의 이름으로 기도드립니다.
아멘.

*그 이튿날에는 명절에 온 큰 무리가 예수께서 예루살렘으로 오신다는 것을 듣고 종려나무 가지를 가지고 맞으러 나가 외치되 호산나 찬송하리로다 주의 이름으로 오시는 이 곧 이스라엘의 왕이시여 하더라(요 12:13); The next day a large crowd was in Jerusalem for Passover. When they heard that Jesus was coming for the festival, they took palm branches and went out to greet him. They shouted, "Hooray! God bless the one who comes in the name of the Lord! God bless the King of Israel!"(Jn 12:13)

영성지도자 헨리 나우웬과 함께 하는 40일 치유기도

잠잠히
36일째

주님,
주님의 거룩한 고난과
죽음을 묵상하면서
제가 할 수 있는 것이 아무것도 없습니다.
무언가를 한다는 것이
너무나 부적절한 것임을
겸손히 고백할 수밖에 없습니다.
비오니, 그저 서서
주님을 바라보게 하옵소서.
주님의 찢기신 몸,
상처로 범벅이 된 머리,
못 박히신 손과 발,
창 자국 난 옆구리.
주님의 그 고통스러우신,
그러나 주님의 그 아름다우신
모습을 바라만 보게 하옵소서.
잠잠히 바라만 보게 하옵소서.
예수님의 이름으로 기도드립니다.
아멘.

---

*내가 진실로 진실로 너희에게 이르노니 한 알의 밀이 땅에 떨어져 죽지 아니하면 한 알 그대로 있고 죽으면 많은 열매를 맺느니라(요 12:24); I tell you for certain that a grain of wheat that falls on the ground will never be more than one grain unless it dies. But if it dies, it will produce lots of wheat.(Jn 12:24)

> 영성지도자 헨리 나우웬과 함께 하는 40일 치유기도

아버지의 손에
37일째

아버지,
이 몸을 아버지의 손에 바칩니다.
좋으실 대로 하옵소서.
저를 어떻게 하시든지 감사드릴 뿐,
저는 무엇에나 준비되어 있습니다.
무엇이나 받아들이겠습니다.
아버지의 뜻이
저와 피조물 위에 이루어지게 하옵소서.
제 영혼을 아버지의 손에 맡깁니다.
주님, 제가 주님을 사랑하기에
이 마음의 사랑을 다하여
제 영혼 바치옵니다.
끝없이 믿으며,
남김없이 이 몸을 드리고,
아버지의 손에 맡기는 것이
어쩔 수 없는 저의 사랑입니다.
주님은 저의 아버지시기에.
예수님의 이름으로 기도드립니다.
아멘.

*지금 내 마음이 괴로우니 무슨 말을 하리요 아버지여 나를 구원하여 이 때를 면하게 하여 주옵소서 그러나 내가 이를 위하여 이 때에 왔나이다(요 12:27); Now I am deeply troubled, and I don't know what to say. But I must not ask my Father to keep me from this time of suffering. In fact, I came into the world to suffer.(Jn 12:27)

> 영성지도자 헨리 나우웬과 함께 하는 40일 치유기도

사랑하되 끝까지
38일째

섬기러 오신 주님,
고난의 길에서 제자들의 발을 씻어 주시고
자신의 몸과 피를 먹고 마실
음식으로 제공해 주시니 감사합니다.
이 두 가지 행동을 통하여
주님의 완전하신 사랑을 저희에게 보여 주시니
너무나 감격스럽습니다.
비오니, 저희도 주님을 본받아
이웃을 사랑하되 끝까지 사랑하게 하옵소서.
조건을 뛰어넘어 하나님의 사랑으로
한 몸과 한 영이 되게 하옵소서.
사랑의 나눔이 있는 곳에 주님이 계심을
온몸으로 증언하게 하옵소서.
예수님의 이름으로 기도드립니다.
아멘.

---

*나는 세상에 더 있지 아니하오나 그들은 세상에 있사옵고 나는 아버지께로 가옵나니 거룩하신 아버지여 내게 주신 아버지의 이름으로 그들을 보전하사 우리와 같이 그들도 하나가 되게 하옵소서(요 17:11); Holy Father, I am no longer in the world, I am coming to you, but my followers are still in the world. So keep them safe by the power of the name that you have given me. Then they will be one with each other, just as you and I are one.(Jn 17:11)

영성지도자 헨리 나우웬과 함께 하는 40일 치유기도

희망의 십자가
39일째

주님,
모든 것이 끝났습니다.
다 채워졌습니다.
다 이루어졌습니다.
사랑의 주님, 은혜의 주님,
자비의 주님, 용서의 주님,
주님을 경배합니다.
주님을 찬양합니다.
진정으로 주님께 감사드립니다.
주님은 고난과 죽음을 통하여
만물을 새롭게 하십니다.
주님의 십자가는
새로운 희망의 징조처럼
이 대지 위에 심겨져 있었습니다.
주님, 언제까지나
주님의 십자가 아래 살게 하옵소서.
그리고 십자가의 희망을
쉼 없이 선포하며 살게 하옵소서.
예수님의 이름으로 기도드립니다. 아멘.

*예수께서 대답하시되 네가 나를 위하여 네 목숨을 버리겠느냐 내가 진실로 진실로 네게 이르노니 닭 울기 전에 네가 세 번 나를 부인하리라요(요 13:38); "Would you really die for me?" Jesus asked. "I tell you for certain that before a rooster crows, you will say three times that you don't even know me."(Jn 13:38)

> 영성지도자 헨리 나우웬과 함께 하는 40일 치유기도

만물을 새롭게
40일째

주님,
오늘은 모든 피조물이
내면의 깊은 안식 가운데 기다리는 날입니다.
어떤 말이나 선언도 없는 날입니다.
역사의 모든 날 중 가장 적막한 날,
하나님의 고독의 날입니다.
비오니, 이 신적인 침묵 앞에
저희도 모두 침묵하게 하옵소서.
세상의 모든 시끄러운 소리들을 멈추고
주님 앞에서 잠잠하게 하옵소서.
이 세상에 존재했던 침묵 가운데
가장 열매가 많은 이 침묵으로부터,
말씀이신 주님,
다시 말씀하옵소서.
그리고 만물을 새롭게 하옵소서.
이제 은혜 가운데 드려온
40일 기도를 이렇게 마치오니,
저를 온전히 회복시키시고
깨끗하게 치유하여 주옵소서.
부활하신 예수님의 이름으로 기도드립니다. 아멘.

*그러므로 이제 그리스도 예수 안에 있는 자에게는 결코 정죄함이 없나니 이는 그리스도 예수 안에 있는 생명의 성령의 법이 죄와 사망의 법에서 너를 해방하였음이라(롬 8:1-2); If you belong to Christ Jesus, you won't be punished. The Holy Spirit will give you life that comes from Christ Jesus and will set you free from sin and death.(Ro 8:1-2)

희망과 기적을 창조하는 이야기 치유기도

자동차 후드 밑의 기적
로버트 스트랜드

우리 주위에는 그 근원을 알 수 없는 이야기들이 종종 있습니다. 다음의 이야기도 그런 것 가운데 하나로 달라스에 있는 비벌리 힐스 침례교회의 창설자인 하워드 코네스터에 따라 전국의 TV 시청자들에게까지 알려졌지요.

오래 전 일이라 이름을 잊었기 때문에 앞으로 이야기할 두 십대 소녀들을 케리와 수잔이라고 부르기로 합시다. 둘은 시내 상점에서 시간이 늦은 줄도 모르고 쇼핑하다가 집에 돌아가려고 보니 이미 날이 어두워져 있었지요. 출구에서 살펴보니 주차장에는 그들의 차밖에 없었습니다.

두 소녀는 무서워졌습니다. 다른 누구라도 함께 있어 차타는 곳까지 가주었으면 좋으련만 하고 막연히 바랄 뿐이었습니다. 쇼핑 타운 근처는 우범 지역이므로 절대 늦지 말라고 당부하셨던 아버지의 말씀이 떠올랐기 때문입니다.

"일단 여기를 빨리 빠져나가자!" 수잔은 짐을 들고 케리는 뒤따라오며 사방을 두리번거리면서도 최대한 빨리 걸었습니다.

거의 성공한 것 같았습니다! 케리가 차 문을 열쇠로 열고 들어가서 수잔에게 문을 열어주기 위하여 손을 뻗었을 때였습니다. 그들 바로 뒤에서 황급히 뛰어오는 발자국 소리가 들렸습니다. 겁에 질린 둘은 험악하게 생긴 두 남자를 보았지요.

그들 가운데 하나가 소리를 질렀습니다. "너희들, 도망가기는 틀렸어! 우리한테 잡혔어!"

그 순간 수잔은 급하게 차 안으로 뛰어들면서 거의 동시에 차문을 잠갔습니다.

그리고는 케리가 떨리는 손으로 시동을 켰습니다. 그러나 켜지지 않았습니다! 몇 번을 시도했건만…… 허사였습니다! 딸깍 소리만 나고 고요했습니다. 아무런 변화가 없었지요! 전혀! 남자가 창문을 부수려던 찰나였습니다.

그러자 소녀들은 모든 것을 체념하고 마지막으로 자신들의 안전을 구하는 기도를 올렸습니다. "하나님, 전능하신 손으로 기적을 일으켜 저희를 구해 주십시오!"

케리가 다시 한 번 열쇠를 돌렸습니다. 그러자 마침내 시동이 걸려 무사히 주차장을 빠져나올 수 있었습니다!

소녀들은 놀라움과 동시에 안도감으로 집으로 돌아오면서 내내 눈물을 흘렸습니다. 차를 세우고 집으로 뛰어 들어가서 부모님께 모든 이야기를 털어놓았습니다.

"하나님, 감사합니다! 무사하니 정말 다행이다. 하지만 두 번 다시는 이런 일이 없도록 해라!" 아버지가 말씀하셨지요. "정말 이상하구나. 그 차는 단 한 번도 시동이 안 걸린 적이 없었는데, 당장 나가서 살펴봐야겠구나."

차고에 가서 후드를 연 순간……누가 딸들을 무사히 집으로 인도했나를 첫눈에 알 수 있었습니다! 그 차는 충전된 전력이 조금도 남아 있지 않아 엔진을 가동시킬 수 없는 상태였던 것입니다.

---

*그 사람들이 놀랍게 여겨 이르되 이이가 어떠한 사람이기에 바람과 바다도 순종하는가 하더라(마 8:27); The men in the boat were amazed and said, "Who is this? Even the wind and the waves obey him."(Mt 8:27)

내 영혼의 치유기도

펴낸일 • 2008년 11월 25일 초판 발행
엮은이 • 신 현 복
펴낸이 • 길 청 자
펴낸곳 • 아침영성지도연구원
등록일 • 1999년 1월 7일 / 제7호
홈페이지 • www.achimhope.or.kr

총 판 • 선 교 횃 불
　　　　전　화 : 02)2203-2739
　　　　팩　스 : 02)2203-2738
　　　　홈페이지 : www.ccm2u.com

· 파본은 교환해 드립니다.
· 이 출판물은 저작권법에 의해 보호를 받는 저작물이므로 무단전재와 무단복제를 금합니다.